Felix Schlösser

Die Gleichnisse Jesu –

und wie wir uns darin wiederfinden

Felix Schlösser

Die Gleichnisse Jesu –

und wie wir uns darin wiederfinden

echter

Inhalt

Der Sinn der Gleichnisreden – die verschiedenen literarischen Arten

Die biblischen Schriften wollen nicht primär Wahrheiten über Gott vermitteln, sondern sprechen in anschaulicher, in bildhafter Weise von Gott und seiner Geschichte mit den Menschen. Dies wird besonders deutlich an den Gleichnissen, die Jesus erzählt. »Seine Gleichnisse«, schreibt Otto Knoch, »sind Perlen der religiösen Literatur und als solche von unnachahmlichem Reiz. Und ihr Bildcharakter hat es mit sich gebracht, dass sie nicht wie eine philosophische Formel erstarren, sondern bis heute unausschöpfbar reich und lebendig sind.« Auch wenn uns Gleichnisse Entscheidungen abverlangen, vor denen wir zurückschrecken mögen, vor allem in den Gerichtsgleichnissen, auch wenn sie uns zu einem Handeln auffordern, das uns schwer erscheinen mag, so wollen sie nicht moralisch unter Druck setzen. In ihnen lädt uns Jesus ein, das Reich Gottes zu suchen und uns ihm zu öffnen. Die Gleichnisse, die der Theologe Joseph Ratzinger in seinem Jesusbuch das Herzstück der Verkündigung Jesu nennt, verweisen alle auf das Reich Gottes. Die leitende Perspektive in ihnen ist die Verkündigung, das Ausrufen des Reiches Gottes, das in Jesus nahe herbeigekommen ist, das in ihm Gestalt gewonnen hat.

Jesus bedient sich bei seinen bildhaften Erzählungen verschiedener literarischer Formen, verschiedener Gattungen, die sich auch schon im Alten Testament finden. Neben den *Gleichnissen* gibt es die *Parabeln* und die *Beispielerzählungen*. Wenn Jesus vom Samen, dem Senfkorn, dem Sauerteig spricht, dann haben wir es mit *Gleichnissen* zu tun. Hören wir beispielsweise das Gleichnis vom Senfkorn. »Er sagte: Womit sollen wir das Reich Gottes vergleichen, mit welchem Gleichnis sollen wir es beschreiben? Es gleicht einem Senfkorn. Dieses ist das kleinste von allen Samenkörnern, die man in die Erde sät. Ist es aber gesät, dann geht es auf und wird größer als alle anderen Gewächse und treibt große Zweige, so dass in seinem Schatten die Vögel des Himmels nisten können« (Mk 4,30–32). Die Gleichnisse bringen Vorgänge in der Natur ins Bild, vor allem in den Saat-Gleichnissen, sie nehmen auch Bezug auf das Alltagsleben der Menschen und deren Vorstellungswelt, um darin eine geistige Wirklichkeit durchscheinen zu lassen.

Um auf das zu stoßen, was die jeweiligen Gleichnisreden uns sagen wollen, müssen wir immer auf den Vergleichspunkt (das *tertium comparationis*) achten, auf den »springenden Punkt«. Nehmen wir das Beispiel von dem in einem Acker vergrabenen Schatz, der von jemandem entdeckt wird. Über dieses irdische Geschehen hinaus will uns dieses Gleichnis sagen, welche Bedeutung diesem Schatz im Blick auf das Reich Gottes zukommt. So gibt es in den Gleichnissen neben einer uns vertrauten, bildhaft dargestellten Wirklichkeit, die aus unserer Erfahrungswelt stammt, eine nicht unmittelbar zugängliche, verborgene Wirklichkeit, die es mit Hilfe des Bildes aufzuschlüsseln gilt. Das im Vordergrund stehende Geschehen, die Bildebene, verweist auf eine andere, eine tiefer liegende Ebene, die man auch »Sachebene« genannt hat.

Kommen wir nun auf die Redeform der *Parabel* zu sprechen. Eine Parabel kann man auch eine *Gleichniserzählung* nennen. In ihnen erscheinen Personen mit typischen Merkmalen und Charakterzügen, positiver oder negativer

Art, wobei oft das Stilmittel der Zuspitzung angewandt wird. Da gibt es den klugen, aber durchtriebenen Verwalter (Lk 16,1–13), die beiden Söhne, von denen der eine anders handelt, als er zu tun vorgibt (Mt 21,28–32), den unbarmherzigen Gläubiger (Mt 18,23–35). Da begegnen wir dem Weinbergbesitzer, der scheinbar in ungerechter Weise seine Arbeiter entlohnt (Mt 20,1–16), dem Mann, der ein Gastmahl gibt (Lk 14,15–24), dem Gast ohne hochzeitliches Gewand (Mt 22,11–13), dem verlorenen Sohn und seinem unbegreiflich gütigen Vater (Lk 15,11–32). Im Verhalten der Handlungsträger, der Protagonisten, zeigen sich manchmal überraschende Züge, die unserem Denken und Handeln zuwiderlaufen.

Neben dem Gleichnis und der Parabel gibt es *Beispielerzählungen*. In ihnen gibt Jesus mit Hilfe einer Geschichte die Antwort auf eine Frage bzw. den Beweis für eine Behauptung. Dazu gehört die Geschichte vom barmherzigen Samariter (Lk 10,29–37), wo Jesus den Gesetzeslehrer fragt: »Wer von diesen dreien hat sich als der Nächste dessen erwiesen, der von den Räubern überfallen wurde?« (Lk 10,36). In der Beispielerzählung vom reichen Mann und dem armen Lazarus (Lk 16,19–31) will Jesus sagen, dass Reichtum eine Gefahr darstellen kann und nicht nur Zeichen für den Segen Gottes ist. Ein Beispiel für die rechte und falsche Frömmigkeit wird beschrieben im Verhalten des Pharisäers und des Zöllners (Lk 18,9–14). Manchmal werden Selbstgespräche geführt, in denen bestimmte Charakterzüge zum Vorschein kommen, so bei dem törichten, reichen Kornbauern. »Was soll ich tun? Ich weiß nicht, wo ich meine Ernte unterbringen soll« (Lk 12,17). Wie in anderen Geschichten steht am Ende auch dieser Beispielerzählung eine einprägsame Sentenz:

»Wem wird dann all das gehören, was du angehäuft hast? So geht es jedem, der nur für sich selbst Schätze sammelt, aber vor Gott nicht reich ist« (Lk 12,20–21). Die erzählten Beispiele verleihen dem dargestellten Grundgedanken einen allgemeingültigen Charakter. Der Schwerpunkt liegt nicht auf der Erkenntnis des Wahren, sondern auf dem entsprechenden Handeln. Sie wollen weniger gedeutet als vielmehr angewandt werden.

Hinzuweisen wäre noch auf die sog. *Allegorie*. Vom griechischen Wortsinn her »handelt« die Allegorie »von anderem«, was besagen will, dass von der Wirklichkeit verschlüsselt geredet wird. Um den in den Gleichnissen verborgenen Sinn zu ergründen, hat man sie in ihren Einzelzügen ausgedeutet, wobei die Grundaussage eines Gleichnisses aus dem Blick geraten konnte. Auch in den Evangelien finden sich Deutungen der Gleichnisse in allegorischer Form. Ein Beispiel dafür ist das Gleichnis vom Sämann (Mk 4,3–9), in dem Jesus von dem Samen erzählt, der auf den Weg fällt oder auf felsigen Boden oder unter die Dornen oder auf guten Boden, um zu zeigen, wie verschieden das Erdreich den auf ihn fallenden Samen aufnimmt. Die Antwort, die Jesus auf die Frage der Jünger gibt, was denn der Sinn dieses Gleichnisses sei, stammt vom Evangelisten, der dieses Gleichnis allegorisch ausdeutet (vgl. die Verse 13–20).

Es gibt Gleichnisse, Parabeln und Beispielerzählungen, in denen der Grundgedanke in doppelter Weise beleuchtet wird. Dazu gehören z. B. die Parabel vom wartenden Vater mit den beiden Söhnen (Lk 15,11–32) und die vom unbarmherzigen Gläubiger (Mt 18,23–35) oder die Beispielerzählung vom reichen Mann und dem armen Lazarus (Lk 16,19–31). Besondere Aussagekraft erhalten diese

Geschichten durch Kontrastfiguren. Ferner gibt es Doppelgleichnisse, in denen zwei verschiedene Bilderzählungen denselben Grundgedanken ausdrücken. So unter anderem die Gleichnisse vom Senfkorn und dem Sauerteig (Mt 13,31–33; Lk 13,18–21), vom Schatz und der Perle (Mt 13,44–46), vom verlorenen Schaf und der verlorenen Drachme (Lk 15,4–10), vom Turmbau und dem Kriegführen (Lk 14,28–32).

Dies sollte eine sehr allgemeine Hinführung zu den Gleichnissen, Parabeln und Beispielerzählungen in ihren verschiedenen Redeformen sein. Konkret und anschaulich wird dies erst bei deren Deutung. Dabei kommt es vor allem darauf an, dass wir uns durch sie innerlich ansprechen lassen, dass sie unseren Glauben vertiefen und unser Handeln in gute Bahnen lenken.

Für die Gleichnisse, Parabeln, Beispielerzählungen habe ich fünf Schwerpunkte gewählt: Gleichnisse vom Reich Gottes – Entscheidungs- und Gerichtsgleichnisse – Gleichnisse vom rettenden Tun Gottes – Gleichnisse vom rechten Verhalten gegenüber Gott – Gleichnisse vom rechten Verhalten gegenüber den Menschen.

Gleichnisse vom Reich Gottes

In den Gleichnissen vom Sämann, von der selbstwachsenden Saat und vom Senfkorn spricht Jesus in bildhafter Weise vom Reich Gottes. Jesus will uns in ihnen, vor allem in den Gleichnissen vom Sämann und dem Senfkorn, das Geheimnis des Reiches Gottes erschließen (Mk 4,11). In seinem Jesusbuch schreibt der Theologe Joseph Ratzinger: »Es ist auffällig, welche Bedeutung das Bild des Samens im Ganzen der Botschaft Jesu einnimmt. Die Zeit Jesu, die Zeit der Jünger ist die Zeit des Säens und des Samens. Das ›Reich Gottes‹ ist gegenwärtig als Same. Der Same ist äußerlich gesehen etwas Geringes. Man kann ihn übersehen. Das Senfkorn – Bild des Gottesreiches – ist das Geringste unter den Körnern und trägt doch einen ganzen Baum in sich« (S. 229).
Bei der Deutung des Gleichnisses vom Sämann lege ich das älteste Evangelium, das Markusevangelium, zugrunde. Einen Paralleltext gibt es im Matthäusevangelium (13,1–32), während im Lukasevangelium nur das Gleichnis vom Sämann überliefert ist (8,4–15).

Das Gleichnis vom Sämann und seine Deutung Mk 4,1–9.13–20

Jesus hatte sich, so berichtet der Evangelist Markus, an das Ufer des Sees Gennesaret gesetzt. Und weil sich sehr viele Menschen dort einfanden, war er in ein Boot gestiegen. Lange, so hören wir, sprach er zu ihnen in Form von Gleichnissen. Mit dem Gleichnis vom Sämann begann er:

Jesu über den Sinn der Gleichnisse ursprünglich in einem anderen Kontext gestanden haben, wo Jesus Bezug nimmt auf ein Wort des Propheten Jesaja, das von der Verstockung Israels spricht. Dem Propheten war gesagt worden: »Geh und sag diesem Volk: Hören sollt ihr, hören, aber nicht verstehen. Sehen sollt ihr, sehen, aber nicht erkennen. Verhärte das Herz dieses Volkes, verstopf ihm die Ohren, verkleb ihm die Augen, damit es mit seinen Augen nicht sieht und mit seinen Ohren nicht hört, damit sein Herz nicht zur Einsicht kommt und sich nicht bekehrt und nicht geheilt wird« (Jes 6,9–10). Der Prophet konnte dies so sagen, weil seine Botschaft auf Unverständnis stoßen wird. Die hier gebrauchten Imperative, Befehlsformen, müssen richtig verstanden werden. Sie sind mehr Indikative, Beschreibung dessen, was sich ereignet. Gott will nicht diese Verstockung, dieses Unverständnis, doch er sieht es voraus. Durch die prophetische Verkündigung wird die Verhärtung des Herzens offenkundig gemacht und weist hin auf das Unheil, das über sein Volk hereinbrechen wird. Wenn wir das bedenken, könnten wir auch dieses irritierende Wort Jesu ein wenig besser verstehen.

In einer Übersetzung, die sich textkritisch gut begründen lässt, hat der evangelische Exeget Joachim Jeremias die Worte Jesu so wiedergegeben: »Euch hat Gott das Geheimnis der Gottesherrschaft geschenkt: denen aber, die draußen sind, ist alles rätselvoll, auf dass sie sehen und doch nicht sehen, hören und doch nicht verstehen, es sei denn, dass sie umkehren und Gott ihnen vergebe.« So ähnlich klingt es in der Übersetzung von Fridolin Stier: »… es sei denn, sie wendeten sich um, und es würde ihnen nachgelassen.« Damit soll gesagt sein: Allen ist es

möglich, mit wachem Ohr und bereitem Herzen die Gleichnisse Jesu zu hören und ihr Leben danach auszurichten. Wenn sie nur die Ohren des Herzens öffnen.
In ihren Grundgedanken erschließen sich die Gleichnisse allen hörbereiten Menschen, zu denen auch wir gehören wollen. Die in Bilder gekleideten Parabeln vom Sämann, der selbstwachsenden Frucht und dem Senfkorn sind alles andere als eine verschleierte Rede, eine Geheimlehre, die nur Eingeweihte verstehen können. Im Matthäusevangelium heißt es, dass Jesus zur Menschenmenge gleichnishaft redete, damit sich erfüllen sollte, was durch den Propheten gesagt worden ist: »Ich öffne meinen Mund und rede in Gleichnissen, ich verkünde, was seit der Schöpfung verborgen war« (Mt 13,34f.). So sind auch für uns, auch für theologisch nicht gebildete Menschen die Gleichnisse verständlich. In ihnen wählt Jesus eine anschauliche, bildhafte Redeform. Gerade den Kleinen und Unmündigen, sagt Jesus in seinem sog. Jubelruf, ist »all das« – gemeint ist die Botschaft vom Reiche Gottes – »geoffenbart, den Weisen und Klugen jedoch verborgen geblieben« (vgl. Mt 11,25–27). Auch dies ein Hinweis, dass die Gleichnisse vom Reich Gottes sich all denen erschließen, die ein hörendes Herz haben. Wer Ohren hat zum Hören, der höre!
Umso verwunderlicher ist es, dass Jesus – ehe das Gleichnis gedeutet wird – vom Unverständnis seiner Jünger spricht. »Wenn ihr schon dieses Gleichnis nicht versteht, wie wollt ihr dann all die anderen Gleichnisse verstehen?« Um den Jüngern, besonders den Aposteln, den »Zwölfen« (vgl. Mk 4,10), das Geheimnis des Gottesreiches zu erschließen, hatte sie Jesus, wenn sie mit ihm allein waren, tiefer in den Sinn der Gleichnisse eingeführt. »Er redete

nur in Gleichnissen zu ihnen; seinen Jüngern aber erklärte er alles, wenn er mit ihnen allein war« (Mk 4,33). Das Geheimnis des Reiches Gottes sollte ihnen auf eine ungeahnte Weise erst später offenbar werden, nach dem Tod Jesu und im Aufbrechen des Reiches Gottes. Im Licht von Ostern und Pfingsten. Dann werden die Apostel, werden die Jünger imstande sein, das Geheimnis des Reiches Gottes, das ihnen anvertraut worden war, zu verkünden. Bis dahin blieben jedoch auch sie in den gleichen falschen Vorstellungen von der Gottesherrschaft befangen wie die geistlichen Führer Israels. Sie konnten nicht ahnen, dass Jesus das Samenkorn selbst ist, das in die Erde fällt und stirbt, um so Frucht zu tragen. Kurz vor seinem Tod, so überliefert es das vierte Evangelium, hat Jesus dies in einer Metapher zur Sprache gebracht: »Amen, amen, ich sage euch: Wenn das Weizenkorn nicht in die Erde fällt und stirbt, bleibt es allein; wenn es aber stirbt, bringt es reiche Frucht« (Joh 12,24).

Die Auslegung des Gleichnisses

Jesus hatte sich, so haben wir gehört, über das Unverständnis der Jünger gewundert. Darauf folgt dann die Auslegung des Gleichnisses (Mk 4,14–20). Es werden dabei Einzelzüge des Gleichnisses (die Exegese spricht von der »Bildhälfte«) auf das konkrete Leben übertragen (auf die »Sachhälfte«, wie sie genannt wird). Dazu bediente man sich der allegorischen Auslegung, von der wir in der Hinführung schon gesprochen haben.
Im Gleichnis heißt es: »Ein Sämann ging aufs Feld, um zu säen« (Mk 4,3). Was er sät, wird erst in der Auslegung

des Gleichnisses gesagt. »Der Sämann sät das Wort« (Mk 4,14). Es ist das Wort Gottes. Ohne es ausdrücklich zu sagen, war für den Evangelisten der Sämann zweifellos Jesus. Die verschiedenen Bodenarten, auf die der Same fällt, werden auf bestimmte Menschengruppen übertragen. Es wird beschrieben, auf welche Weise Menschen das Wort – gemeint ist das Wort Gottes, die Botschaft Jesu vom Reich Gottes – aufnehmen oder nicht aufnehmen, wie erfolgreich oder nicht erfolgreich der Sämann, Jesus, bei seinem Säen ist. Es wird gefragt, warum der Same bei dem einen Frucht bringt, bei einem andern nicht. Dies lässt darauf schließen, dass die Deutung des Gleichnisses von der Situation in den frühchristlichen Gemeinden mitgeprägt wurde. Dort gab es offensichtlich Christen, die glaubensschwach geworden waren, lau in ihrem Verhalten, die den Dingen dieser Welt zu sehr anhingen, sich zu viele Sorgen machten, bei Verfolgungen nicht standhielten.

So wird bei der Auslegung des Gleichnisses durch den Evangelisten zuerst von Menschen gesprochen, bei denen das Wort auf den Weg fällt. Sie hören es zwar, aber sie bewahren es nicht in ihrem Herzen, denn der Satan kommt und nimmt es ihnen weg. Menschen, bei denen das Wort auf felsigen Boden fällt, sind diejenigen, die es freudig aufnehmen. Aber da es bei ihnen keine Wurzeln schlägt und sie unbeständig sind, kommen sie sofort zu Fall, wenn sie um des Wortes willen bedrängt oder verfolgt werden. Dann ist von Menschen die Rede, bei denen das Wort unter die Dornen fällt. Obwohl sie es hören, machen sich die Sorgen der Welt breit, der trügerische Reichtum und die Gier nach all den anderen Dingen. So wird das Wort erstickt, so dass es keine Frucht bringen kann.

Am Schluss heißt es: »Auf guten Boden ist das Wort bei denen gesät, die es hören und aufnehmen und Frucht bringen, dreißigfach, ja sechzigfach und hundertfach« (Mk 4,20). Jesus spricht uns in diesem Gleichnis ebenso an wie die Menschen damals. So sehr wir uns dem Wort Gottes öffnen möchten, um zu denen zu gehören, bei denen das Wort auf guten Boden gesät ist, die es aufnehmen und Frucht bringen, so kann es manchmal doch so sein, dass das Wort auf den Weg fällt, auf felsigen Boden, unter die Dornen. Jeder müsste sich fragen, ob bei ihm das Wort auf den Weg fällt. Ich würde mich fragen, ob ich zu den Menschen gehöre, die das Wort Gottes zwar hören, aber sich in ihrem Leben nicht darauf einlassen. Ob es nicht eingewurzelt werden kann wegen meiner Unbeständigkeit. Ob ich zu den Menschen zähle, die vor lauter Sorgen um das irdische Wohl nur wenig Zeit haben, das Wort Gottes in sich aufzunehmen. Oder ob das Wort Gottes auf bereiten Boden fällt und vielfältige Frucht bringt. Es wird Situationen, Phasen in meinem Leben geben, in denen das Wort Gottes auf unterschiedliche Weise bei mir Gehör findet. Es kann einmal auf den Weg fallen, dann wieder auf felsigen Boden, ein anderes Mal unter die Dornen und dann auch auf gutes Erdreich. Ich denke, wir alle sind bemüht, dass es immer auf einen guten Boden fällt, dass es in unserem Herzen immer mehr Raum gewinnt. Und dass es sich immer mehr auswirkt in unserem mitmenschlichen Verhalten.

Das Gleichnis von der selbstwachsenden Saat Mk 4,26–29

Das Gleichnis von der selbstwachsenden Saat spricht wieder, ausgehend von Vorgängen in der Natur, vom Reich Gottes. Nur bei Markus findet sich dieses Gleichnis. »Mit dem Reich Gottes«, sagt Jesus, »ist es so, wie wenn ein Mann Samen auf seinen Acker sät; dann schläft er und steht wieder auf, es wird Nacht und wird Tag, der Samen keimt und wächst und der Mann weiß nicht, wie. Die Erde bringt von selbst ihre Frucht, zuerst den Halm, dann die Ähre, dann das volle Korn in der Ähre. Sobald aber die Frucht reif ist, legt er die Sichel an; denn die Zeit der Ernte ist da« (Mk 4,26–29). Da, anders als beim Gleichnis vom Sämann, eine zusätzliche Deutung fehlt, kann sein Sinn nur aus dem Gleichnis selbst erschlossen werden.

Beschrieben wird das Wachsen und Reifen von der Aussaat bis zur Ernte. Der Anteil des Mannes, des »Menschen«, besteht lediglich darin, dass er zu Beginn den Samen aussät und am Ende die Ernte einbringt. Um das Wachsen der Saat hat er sich nicht gekümmert. Er weiß nicht einmal, wie der Same zur Frucht herangereift ist. Während der Mann sich nachts zur Ruhe legt, am Morgen wieder aufsteht und tagsüber anderen Beschäftigungen nachgeht, wächst die Saat von selbst empor zu vollem Korn in den Ähren. Im Gleichnis geht es nicht um eine organische Entwicklung von der Saat bis zur Frucht, woran man damals noch nicht denken konnte. Die grundlegende Aussage, der springende Punkt, ist das Heranreifen der Saat, ohne dass der Mensch etwas dazu beiträgt. Der Sämann übt überhaupt keinen Einfluss aus auf das Wachsen und Reifen. Er verlässt sich auf das, »was die Erde von selbst hervorbringt«.

»Mit dem Reich Gottes ist es wie …«. Die aus der Natur genommenen Bilder weisen auf das Reich Gottes hin. Dies will besagen, dass der Samen seine ganze Lebenskraft Gott verdankt und dass er es ist, der die Saat aufgehen und zur vollen Frucht heranreifen lässt – »von selbst«. Jesus will in diesem Gleichnis ausdrücken, dass das Wachsen des Gottesreiches und seine endzeitliche Gestalt allein in Gott gründet.

»Sobald aber die Frucht reif ist, legt er die Sichel an; denn die Zeit der Ernte ist da.« Hier nimmt das Gleichnis Bezug auf den Propheten Joël (4,13). Wie auch bei anderen Propheten ist die Ernte ein Symbol für das Endgericht über die Völker, was von den Propheten oft in Bildern des Schreckens geschildert wird. Doch dieses Gleichnis steht in anderem Kontext, es ist kein Gerichtsgleichnis. In ihm hat die Ernte einen positiven Aspekt, indem sie als Bild der Vollendung auf das wunderbare, dem Menschen unbegreifliche Wachsen des Gottesreiches hinweist.

Gelegentlich wurde versucht, dieses Wachstumsgleichnis allegorisch auszulegen, indem man sich auf einzelne Aussagen bezog und dabei den Grundgedanken des Gleichnisses außer Acht ließ. So wollte man in dem Sämann Christus erkennen, der die Saat einfach wachsen lässt und damit seine Zuversicht bekundet, dass das Reich Gottes ohnehin wächst und gedeiht. In dem Sämann sah man auch den wiederkommenden Christus, der am Ende die Sichel anlegt zur Ernte.

Die Sinnspitze des Gleichnisses

Das Grundanliegen dieses Gleichnisses besteht darin, dass alles Leben, alles Wachsen und Gedeihen allein in Gott seinen Ursprung hat und in ihm seine Vollendung findet. Nicht mehr, aber auch nicht weniger. Und das wird in zugespitzter Form am Verhalten eines Mannes veranschaulicht, der außer dem Säen und dem Ernten nichts zum Wachsen des Reiches Gottes beiträgt. Müssen wir es nun machen wie dieser Mann und uns allein auf Gott verlassen? Wenn dies so wäre, brauchte es nicht die ethischen Weisungen der Bibel zu geben, die uns zu einem guten und verantwortungsvollen Tun anleiten. Es gibt viele biblische Texte, die uns auffordern, am schöpferischen Wirken Gottes und an seinem erlösenden, befreienden Handeln mitzuwirken.

Bei allem jedoch ist Gott die tragende Kraft, ist es sein Leben schaffender und Leben erhaltender Geist, der uns durchdringt. Hildegard von Bingen sagt es so: »Unermesslich ist die Kraft des Heiligen Geistes, alle Geschöpfe umkreisend.« Und Teilhard de Chardin, Naturwissenschaftler und Theologe, spricht vom Geist Gottes als dem lebendigen und liebenden Ordner der Welt. Viele Schöpfungspsalmen bringen dies zur Sprache. »Du füllst mir reichlich den Becher. Lauter Güte und Huld werden mir folgen mein Leben lang« (Ps 23,5f.). »Du sorgst für das Land und tränkst es; du überschüttest es mit Reichtum« (Ps 65,10). »Du lässt Gras wachsen für das Vieh, auch Pflanzen für den Menschen, die er anbaut, damit er Brot gewinnt von der Erde und Wein, der das Herz des Menschen erfreut« (Ps 104,14f.). Wenn auch der Mensch, wie es im Psalm 104 heißt, Getreide anbauen und Weinberge anlegen soll, so gibt doch Gott das Wachsen und das Gedeihen. In einem Gebet aus dem Buch der Weisheit hören wir: »Du liebst alles, was ist, und verabscheust nichts von allem, was du gemacht hast; denn hättest du etwas gehasst, so hättest du es nicht geschaffen. Wie könnte etwas ohne deinen Willen Bestand haben, oder wie könnte etwas erhalten bleiben, das nicht von dir ins Dasein gerufen wäre? Du schonst alles, weil es dein Eigentum ist, Herr, du Freund des Lebens« (Weisheit 11,24–26).

In der Christengemeinde von Korinth war es zu Richtungskämpfen gekommen. Die einen hielten zu Paulus, andere zu Apollos. Paulus hält diesen Leuten vor, sie seien noch sehr irdisch eingestellt, und er schreibt ihnen: »Was ist denn Apollos? Und was ist Paulus? Ihr seid durch sie zum Glauben gekommen. Sie sind also Diener, jeder, wie der Herr es ihm gegeben hat: Ich habe gepflanzt, Apollos hat begossen, Gott aber ließ wachsen. So ist weder der etwas, der pflanzt, noch der, der begießt, sondern nur Gott, der wachsen lässt. Wer pflanzt und wer begießt: Beide arbeiten am gleichen Werk, jeder aber erhält seinen besonderen Lohn, je nach der Mühe, die er aufgewendet hat. Denn wir sind Gottes Mitarbeiter; ihr seid Gottes Ackerfeld, Gottes Bau« (1 Kor 3,5–9). Paulus lässt keinen Zweifel daran, dass wir mit Gott zusammenwirken sollen, dass wir Gottes Mitarbeiter sind. Doch er schreibt Gott das Eigentliche zu. Ihm, dem das Wachsen und Gedeihen zu verdanken ist. In diesen Worten an die Christen von Korinth wird noch einmal deutlich, was Jesus uns in seinem Reich-Gottes-Gleichnis von der selbstwachsenden Saat sagen will.

Dass das Reich Gottes in uns Raum gewinnt, bringt Edith Stein in einem Gebet zur Sprache:

Wer bist Du, süßes Licht, das mich erfüllt
und meines Herzens Dunkelheit erleuchtet?
Du leitest mich gleich einer Mutterhand,
und ließest Du mich los,
so wüsste keinen Schritt ich mehr zu gehen.
Du bist der Raum,
der rund mein Sein umschließt
und in sich birgt.
Aus Dir entlassen,
sänk es in den Abgrund des Nichts,
aus dem Du es zum Sein erhobst.
Du näher mir als ich mir selbst
und innerlicher als mein Innerstes –
und doch ungreifbar und unfassbar
und jeden Namen sprengend:
Heiliger Geist – Ewige Liebe!

Die Gleichnisse vom Senfkorn und vom Sauerteig Mk 4,30–32

An das Gleichnis von der selbstwachsenden Saat schließt sich im Markusevangelium eine weitere Saatparabel an, die Parabel vom Senfkorn.

Jesus sagt, so lesen wir bei Markus, »womit sollen wir das Reich Gottes vergleichen, mit welchem Gleichnis sollen wir es beschreiben? Es gleicht einem Senfkorn. Dieses ist das kleinste von allen Samenkörnern, die man in die Erde sät. Ist es aber gesät, dann geht es auf und wird größer als alle anderen Gewächse und treibt große Zweige, so dass in seinem Schatten die Vögel des Himmels nisten können« (Mk 4,30–32). Im Unterschied zu Matthäus (Mt 13,31f.) wird bei Markus das Gleichnis mit einer Frage eingeleitet, was auf die Schwierigkeit hinweisen will, das Gottesreich angemessen zu beschreiben. Gleichzeitig soll damit die Aufmerksamkeit der Hörer auf das Gleichnis hingelenkt werden. Dies entspricht semitischer Redeweise, der sich auch Jesus bediente. Matthäus und Lukas haben dem Gleichnis vom Senfkorn die Parabel vom Sauerteig angefügt, die in dieselbe Aussagerichtung weist (Mt 13,33f. und Lk 13,20f.). So lesen wir bei Matthäus: »Und er erzählte ihnen noch ein Gleichnis: Mit dem Himmelreich ist es wie mit dem Sauerteig, den eine Frau unter einen großen Trog Mehl mischte, bis das Ganze durchsäuert war« (Mt 13,33). Ähnlich wie beim Gleichnis vom Senfkorn geht es auch hier um das Anfangs- und das Endstadium eines Prozesses. Jeder Bäcker oder jede Hausfrau

kennt diesen Vorgang. In unserem Gleichnis sind es drei Maß Mehl, die zu einem Teig angerührt und dann, um ihn zum »Aufgehen« zu bringen, mit etwas Sauerteig vermengt werden. Der Sauerteig hat, unbemerkt für die Augen, gewirkt und den Teig völlig durchdrungen.
Bei dem Gleichnis vom Senfkorn greift Jesus auch hier wieder auf Vorgänge in der Natur zurück. Aus einem winzigen Senfkorn erwächst eine Senfstaude (bei Lukas ist der Vergleichspunkt ein Baum, vgl. Lukas 13,19). Die ausgewachsene Senfstaude erreicht nach einem Jahr eine Höhe von drei bis fünf Metern. Im übertragenen Sinne bedeutet dies: Aus Kleinem, Unscheinbarem kann Großes, Kraftvolles erwachsen. Es wächst eine so große und hohe Staude bzw. ein Baum, dass die Vögel darin nisten und einen Ruheplatz finden. Schon im Alten Testament gibt es das Bild vom Baum, in dem die Vögel ihr Nest bauen und in dessen Schatten sie wohnen können. »Einen zarten Zweig aus den obersten Ästen breche ich ab«, so die Verheißung beim Propheten Ezechiel, »ich pflanze ihn auf einen hoch aufragenden Berg. Auf die Höhe von Israels Bergland pflanze ich ihn. Dort treibt er dann Zweige, er trägt Früchte und wird zur prächtigen Zeder. Allerlei Vögel wohnen darin; alles, was Flügel hat, wohnt im Schatten ihrer Zweige« (Ez 17,22f.; vgl. auch Ez 31,6). Beim Propheten Daniel ist die Rede von einem mächtigen Baum, der bis zum Himmel reicht und auf der ganzen Erde zu sehen ist (Dan 4,17). Dies deutet hin auf die Sendung Israels für alle Völker. Im Neuen Testament wird dann der heranwachsende Baum zu einem Bild für das in Jesus angebrochene Reich Gottes. Trotz der Widerstände, die es erfährt, wird es sich durch die in ihm liegende Lebenskraft zu einer weltweiten Größe entfalten.

Kommt es beim Gleichnis von der selbstwachsenden Saat auf den Gedanken an, dass das Gottesreich sich letztlich dem von Gott gewirkten Wachsen und Gedeihen verdankt, so wird bei der Parabel vom Senfkorn auf den Kontrast angespielt zwischen den kleinen Anfängen des Gottesreiches und seiner Vollendung am Ende der Tage.
Die Situation der ersten christlichen Gemeinden war nicht mehr die des Jüngerkreises, in die Jesus das Gleichnis vom Senfkorn hineingesprochen hatte. Die Zeit der ersten Aussaat war angebrochen. Wenn die Christen der ersten und zweiten Generation diese Gleichnisrede hörten, dann hatte sich bei ihnen schon anfanghaft bewahrheitet, was Jesus vom Wachsen des Reiches Gottes sagen wollte. So vernehmen wir in der Apostelgeschichte, wie die Gemeinden sich ausbreiteten und wuchsen, hin auch zu denen, die nicht dem Volke Israel angehörten. Wir hören, wie sie trotz äußerer Widerstände und innerer Anfechtungen an Glaubenskraft zunahmen.

Ein verheißungsvolles Gleichnis auch für unsere Zeit

Wenn wir auf die Situation schauen, in der wir Christen heute leben, dann erhebt sich die Frage, in welcher Weise sich die Verheißung Jesu, das in ihm gekommene Reich Gottes werde sich kraftvoll entfalten, aus dem kleinen Senfkorn werde etwas Großes erwachsen, in unserer Zeit erfüllt.
Zunächst gilt es, uns die gegenwärtige kirchliche und gesellschaftliche Situation vor Augen zu führen. Wir erleben eine zunehmende »Säkularisierung«. »Die Stellung von Kirche und Glauben in der Gesellschaft«, so diagnosti-

ziert der Kirchenhistoriker Peter Nissen unsere gegenwärtige Situation, »macht zur Zeit in der westlichen Welt eine eingreifende Veränderung durch. Die Christenheit mit ihrem selbstverständlichen Einfluss des christlichen Glaubens in der Kirche ist im Entschwinden. Die Kirche wird an den Rand gedrängt.« Der Bezug zu der diese Welt übersteigenden göttlichen Welt beginnt mehr und mehr zu schwinden. Man kann von einer Gottvergessenheit sprechen. Es gibt viele Menschen, die zwar noch eingetragene Mitglieder der Kirche sind, dem Glauben nach aber nicht mehr zu ihr gehören. Es mag regional graduelle Unterschiede der Entchristlichung geben, aber selbst in angestammt katholischen oder evangelischen Gebieten, wo es erfreulicherweise noch christlich geprägte Traditionen gibt, nimmt die Zahl der überzeugten – wohlgemerkt: der überzeugten – Christen immer mehr ab.

Selbst wenn in unserem Grundgesetz noch einige christliche Relikte aufzufinden sind, so können wir nicht mehr von einem christlichen Staat sprechen. Wie lange wird es noch die Kirchensteuer geben? Wie lange wird der Religionsunterricht in den Schulen noch gewährleistet sein? Die vollständige Trennung von Staat und Kirche, wie schon seit langem in Frankreich, ist abzusehen. Wir können auch nicht mehr von einer christlichen Gesellschaftsordnung sprechen, denn wir leben in einer pluralistischen Gesellschaft, in der es viele Weltanschauungen, Lebensentwürfe, Wertvorstellungen gibt.

Immer weniger Getaufte sind sozusagen noch »von Haus aus« Christen; denn sie finden in ihren Familien nicht den Lebensraum, in dem der Glaube sich entfalten kann. Immer mehr Kinder wachsen in Familien auf, bei denen der Glaube nur noch eine Randerscheinung oder ganz ent-

schwunden ist. Familien, in denen Kinder zum Glauben hingeführt, in den Glauben eingeübt werden, sind in der Minderheit. Viele Eltern lassen ihre Kinder taufen, ohne selbst dahinterzustehen.
Die Krise, die sich in unseren kirchlichen Gemeinden, in unseren Familien abzeichnet, ist weit mehr als eine Kirchenkrise, wo es um innerkirchliche Probleme geht. Es ist eine Krise des Glaubens. Doch Krise muss wie bei einer Krankheit nicht bloß negativ gesehen werden. Schmerz ist immer auch ein positives Signal: Leben meldet sich; Leben, das in Gefahr geraten ist. Im Erkennen der Krankheitssymptome kann ein Prozess der Gesundung eingeleitet werden. Die tieferliegenden Krankheitsherde müssen wahrgenommen werden. Eine bloße Behandlung der Symptome des festzustellenden Glaubensschwunds reicht da nicht aus. Schönheitsoperationen am Bild der Kirche helfen nicht viel. Der Heilungsprozess muss in den Herzen der Menschen beginnen. In den Menschen, in uns muss der Glaube zum Leben kommen, neue Kraft gewinnen.
Wirksam werden kann das nur dann, wenn Menschen sich bewusst für ein Leben aus dem Glauben entscheiden. Selbst wenn viele sich noch in hilfreiche Traditionen der Kirche eingebunden fühlen, so wird ihnen damit eine bewusste Entscheidung für den Glauben nicht abgenommen. Es geht beim Glauben ja nicht nur um eine Entscheidung für diese oder jene Lebensmöglichkeit, ob ich einen bestimmten Beruf ergreifen will, ob ich heirate oder unverheiratet bleibe. Mein ganzes Leben in all seinen Lebensvollzügen müsste vom Glauben durchdrungen sein. Es ist der in der Taufe grundgelegte Glaube, der in uns lebendig werden soll. Es ist der Glaube, der getragen ist von

denen, die mit uns glauben. In unseren Familien, in unseren Gemeinden und Gemeinschaften. Es ist der Glaube, der dann erst wirklich glaubwürdig wird in der Liebe zueinander. Auch zu denen, die nicht zu uns gehören.
Es gibt immer noch Menschen in unserer Gesellschaft, die sich bewusst für den Glauben an Jesus Christus entschieden haben und für den Weg, den er im Evangelium gewiesen hat. Mich hat beeindruckt, was eine Mutter bei der Taufe eines ihrer Kinder gesagt hat: »Die Wahl ist getroffen. Die Taufe ist nur das Zeichen, dass an dieser Wahl nichts zu ändern ist. Wir nehmen sie an. Wir haben unsere Gründe dafür. Unser Kind Barbara wie auch unsere beiden anderen, Martin und Angelika, leben noch in einer eigenartigen ›Freiheit‹ der Nichtwissenden. Wir können nicht für sie entscheiden – Christus würde eine solche Bevormundung auch nicht anerkennen. Was an unserem Kind heute geschieht, ist der Übergabe eines versiegelten Briefes vergleichbar, den es später lesen wird. Darin steht: Die Wahl Jesu Christi ist auch auf dich gefallen. Die Antwort darauf wird unser Kind selber geben müssen. Unsere Sache ist es, so zu leben, dass unsere Kinder uns nicht für eitle Schwätzer halten, wenn wir ihnen einmal sagen: es ist das Schwerste, aber auch das Beste, was ein Mensch tun kann, die Wahl Jesu Christi anzunehmen.«
Wenn in möglichst vielen Christen eine solche Glaubensüberzeugung leben würde, dann wäre es um die Zukunft unseres Glaubens nicht schlecht bestellt. Dann würde es sich auch erübrigen, über die Berechtigung der Kindertaufe zu diskutieren. Am Leben der Eltern, am Leben erwachsener Christen könnte jungen Menschen aufgehen: der Glaube an den in Jesus von Nazaret Mensch gewordenen Gott macht unser Leben sinnvoll und lässt es

menschlich gelingen. Einen besseren Dienst können wir, denke ich, unserer Gesellschaft und den Menschen in ihr nicht leisten, als dass wir unsere christlichen Wertvorstellungen einbringen, überzeugend vertreten und auch zu leben versuchen. Nicht kämpferisch, aber entschieden. Dies ist jedoch deswegen nicht leicht, weil immer mehr der Rückhalt fehlt, den Christen früher im kirchlichen und gesellschaftlichen Umfeld hatten.

Wie heute zum Wachsen des Senfkornes beitragen?

Wie und mit welchen Mitteln können wir Menschen für den christlichen Glauben gewinnen? Dass das Reich Gottes wächst und Gestalt annimmt, dass möglichst viele Menschen den Gott kennenlernen, wie er sich im Alten und Neuen Bund zu erkennen gegeben hat, vor allem in Jesus mit seinem befreienden Evangelium, müsste uns ein Herzensanliegen sein. Papst Paul VI. hat kurz vor dem Ende des Konzils eine Enzyklika (*Ecclesiam suam*) geschrieben, in der er den Wegen der Kirche zu den Menschen nachgeht. Da heißt es: »Bevor man die Welt zum Glauben führt, um sie zu bekehren, muss man sich ihr nahen und mit ihr sprechen ... Unser Dialog soll keine Grenzen und keine Berechnung kennen.« Dem Papst ging es darum, dass wir uns im Dialog mit nicht glaubenden oder der Kirche fernstehenden Menschen auf sie einlassen sollen, ohne Grenzen und ohne Berechnung, dass wir uns in ihre Mentalität, in ihre menschliche Situation hineinzudenken versuchen, dass wir zuhören können und die Bedenken und Erwartungen unserer Dialogpartner ernst nehmen. Vielleicht werden wir dann wahrnehmen,

dass sie in ihrer Lebenseinstellung und ihrem Verhalten auch uns etwas zu geben vermögen. Wir haben die Wahrheit, vor allem die Liebe nicht gepachtet.
Trotz der Säkularisierung in unserer Gesellschaft treffen wir immer wieder auf Menschen, die – auch das sollten wir sehen – ohne der Kirche anzugehören, nach Gott suchen. Einfühlungsvermögen ist erforderlich, wenn Menschen sich dem christlichen Glauben und der Kirche anzunähern versuchen. Dafür sollten wir ihnen die nötige Zeit und den nötigen Freiraum lassen. Ob sie dann einmal den inneren Anschluss an eine christliche Gemeinde finden, das liegt nicht in unserer Hand. Verfehlt wäre jede auch noch so gut gemeinte Form kirchlicher Vereinnahmung. Wie ihr Kontakt mit der Kirche dann konkret aussieht, sollten nicht wir bestimmen. Distanz und Nähe zur kirchlichen Glaubensgemeinschaft müssen Menschen, die auf der Suche sind, selber finden. Man kann nur wünschen, dass sie auf Gemeinden treffen, in denen man ihnen offen begegnet und wo sie eine geistige Heimat finden können.
Kardinal Suhard, der in den vierziger Jahren Erzbischof von Paris war, hat auf die Frage, wie wir Christen missionarisch anziehend wirken könnten, die Antwort gegeben, wir sollten so leben, dass andere sich fragen: Warum leben die so? Warum kümmern sie sich um Notleidende? Warum setzen sie sich in ihrem gesellschaftlichen Umfeld für andere ein? Roger Schutz, der verstorbene Prior von Taizé, hat einmal gesagt: »Lebe das vom Evangelium, was du verstanden hast, und sei es noch so wenig. Aber lebe es.« Wenn wir so durch unser Verhalten, durch unsere menschliche Liebe als Christen glaubwürdig werden, dann wird man uns schon identifizieren. Dann wird man

erkennen, wes Geistes Kind wir sind. Man wird an unserem Verhalten ablesen können, dass Jesus nicht gekommen ist, um Menschen zugrundezurichten, sondern um sie zu retten. »Daran«, sagt Jesus, »werden alle erkennen, dass ihr meine Jünger seid: wenn ihr einander liebt« (Joh 13,35).

Das Gleichnis vom Senfkorn wäre überinterpretiert, würde damit die Weissagung ausgesprochen sein, nach der es im Laufe der Menschheitsgeschichte soweit kommen würde, dass am Ende das Reich Gottes die ganze Welt in sich vereinigt. Es wird keinen Gottesstaat geben, der die ganze Menschheit in sich vereinigt. Die Christenheit wird in gesellschaftspolitischer Hinsicht eine Minderheit bleiben. Die Heilige Schrift, besonders in der Perspektive der Offenbarung des Johannes, in der Apokalypse, lässt keinen Zweifel daran, dass am Ende, in den Tagen des Antichristen, nur noch ein geringer Teil von Getreuen übrig bleibt. Schon die Jünger Jesu hätten angesichts ihrer geringen Zahl, angesichts ihrer menschlichen Schwäche und ihrer mangelnden politischen Durchsetzungskraft an der Verheißung Jesu zweifeln können. So wollen die Gleichnisse vom Senfkorn und vom Sauerteig in den Christen die Hoffnung wecken, dass einmal Gott für immer Herr sein wird, sein Reich für immer Bestand haben wird. Und dass auch die in das Reich Gottes eingehen werden, die sich ihm widersetzt haben.

Die Parabel vom Unkraut unter dem Weizen Mt 13,24–30; 36–43

Die Parabel vom Unkraut unter dem Weizen (Mt 13,24–30) ist uns nur vom Evangelisten Matthäus überliefert. Sie steht bei ihm hinter dem Gleichnis vom Sämann und reiht sich ein in die Saatgleichnisse des 13. Kapitels. Die Einleitungsformel stammt von Matthäus, der auch erzählende Parabeln, anders als Markus und Lukas, als Gleichnisse einstuft. »Mit dem Himmelreich ist es wie mit einem Mann, der guten Samen auf seinen Acker säte.« Die Parabel selbst geht auf Jesus zurück, während ihre Deutung in einem späteren Abschnitt (Mt 13,36–43), allegorisch ausgelegt, weitgehend die Handschrift des Matthäus trägt.
»Jesus erzählte ihnen noch ein anderes Gleichnis: Mit dem Himmelreich ist es wie mit einem Mann, der guten Samen auf seinen Acker säte. Während nun die Leute schliefen, kam sein Feind, säte Unkraut unter den Weizen und ging wieder weg. Als die Saat aufging und sich die Ähren bildeten, kam auch das Unkraut zum Vorschein. Da gingen die Knechte zu dem Gutsherrn und sagten: Herr, hast du nicht guten Samen auf deinen Acker gesät? Woher kommt dann das Unkraut? Er antwortete: Das hat ein Feind von mir getan. Da sagten die Knechte zu ihm: Sollen wir gehen und es ausreißen? Er entgegnete: Nein, sonst reißt ihr zusammen mit dem Unkraut auch den Weizen aus. Lasst beides wachsen bis zur Ernte. Wenn dann die Zeit der Ernte da ist, werde ich den Arbeitern sagen: Sammelt zuerst das Unkraut und bindet es in Bündel,

um es zu verbrennen; den Weizen aber bringt in meine Scheune« (Mt 13,24–30).
Dass unter dem fruchtträchtigen Samen auch gelegentlich Unkraut aufwächst, ist nichts Ungewöhnliches. Aber in unserer Geschichte war das Unkraut nicht von selbst gewachsen, sondern von einem dem Bauern feindselig gesonnenen Menschen ausgestreut worden; in der Nacht, als seine Knechte schliefen. Offenbar haben diese das Unkraut erst später bemerkt und wunderten sich darüber, da ihr Herr doch nur guten Samen auf den Acker gesät hatte. Bei dem Unkraut handelt es sich um Weizenlolch oder Taumellolch, eine giftige Queckenart, die zur gleichen Pflanzenfamilie gehört wie der Weizen und der mit diesem zugleich aufschoss und ihm in den ersten Stadien der Halmentwicklung zum Verwechseln ähnlich sah. Der Nachbar hoffte, dass sein arglistiges Vorgehen, vielleicht vom Neid angetrieben, erst bemerkt würde, wenn das Unkraut bereits großen Schaden angerichtet haben würde. Der Herr, wohl ein Gutsbesitzer, wusste, dass dies nur ein ihm nicht wohlgesonnener Mensch getan haben konnte. »Das hat ein Feind von mir getan.«
Vernünftig war dann der Vorschlag der Knechte, das Unkraut zu beseitigen. »Willst du, dass wir hingehen und es zusammenlesen?« Das gesammelte Unkraut diente im holzarmen Palästina als Brennmaterial. Wenn der Weizen etwa eine Spanne hoch war, wurde das Unkraut, der Lolch, gejätet, manchmal sogar mehrfach. Es gibt ein jüdisches Sprichwort: »Wer gejätet hat, der hat noch mehr als der Pflüger getan.« Die Erwiderung des Herrn auf den Vorschlag seiner Knechte, das Unkraut zu entfernen, überrascht zunächst. Er lehnte ihren Vorschlag ab, was realistisch war. Denn wenn man das Unkraut beseitigte,

hätte man mit ihm auch den Weizen herausgerissen. Es bestand nämlich dann die Gefahr, dass der Weizen, dessen schwächere Wurzeln mit den kräftigeren des Lolchs verwoben waren, mit herausgerissen wurde. So solle man also beides bis zur Ernte wachsen lassen.
In den Saatgleichnissen vom Reich Gottes wie auch hier in der Parabel vom Unkraut unter dem Weizen weist Jesus durch bildstarke Erzählungen aus der Natur und aus dem Leben der Menschen auf die angebrochene Gottesherrschaft hin. Die Parabel ist so aufgebaut, dass die Frage der Knechte auf die Antwort hinzielt, die ihr Herr geben wird: »Lasst beides wachsen bis zur Ernte.« In dieser Antwort finden wir den Grundgedanken der Parabel. Von hier aus erschließt sich die Parabel von selber, auch ohne die allegorische, ins Einzelne gehende und moralisch verschärfte Deutung durch den Evangelisten.

Mahnende Worte an die Jünger

Lasst beides miteinander wachsen bis zur Ernte! Dies galt denjenigen, die voreilig meinen, den Weizen vom Unkraut unterscheiden zu können. Die Parabel richtet Jesus zuallererst an seine Jünger. Die ersten Christengemeinden und die spätere Kirche konnte er noch nicht im Blick haben. Seine Jünger waren nicht davor gefeit, geistigem Hochmut zu erliegen oder sich in selbstgerechter Weise von anderen abzugrenzen. In vielen seiner Worte warnt Jesus vor falscher Sicherheit und vor Selbstgerechtigkeit. Gemeint waren diejenigen, die er in seine engere Nachfolge gerufen hatte, wie auch die Leute in der Volksmenge, die ihm zuhörten. »Richtet nicht, dann werdet auch ihr

nicht gerichtet werden. Verurteilt nicht, dann werdet auch ihr nicht verurteilt werden« (Lk 6,37).
In den Evangelien wird von Ausgrenzungstendenzen in der Jüngergemeinde berichtet. Da wird erzählt, dass Johannes einmal Jesus sagte, sie hätten jemanden gesehen, der in seinem Namen Wundertaten vollbracht hat. Sie hätten ihn daran zu hindern versucht, weil er nicht zu ihnen gehörte. Das war also der Maßstab. Er musste zu ihnen gehören! Sonst konnten sie keine Wunder wirken, nichts Gutes zustande bringen. Jesus antwortete darauf: »Hindert ihn nicht! Denn wer nicht gegen euch ist, der ist für euch« (Lk 9,50). Und dann wird die Geschichte erzählt von den Söhnen des Fischers Zebedäus, Jakobus und Johannes, Donnersöhne, Boanerges, genannt. Als man Jesus und seine Jünger in einem samaritischen Dorf abwies, weil es Zwistigkeiten gab zwischen Juden und Samaritern, wollten die beiden Jesus dazu bringen, dass er Feuer vom Himmel fallen lasse, um die Samariter zu vernichten. Jesus wies sie zurecht. Zusatz nach einer anderen Lesart: »Ihr wisst nicht, welcher Geist aus euch spricht. Der Menschensohn ist nicht gekommen, um Menschen zu vernichten, sondern um sie zu retten« (Lk 9,51–55). Jesus handelt nach anderen Kriterien als seine Jünger. Er erzählte einmal, dass es ein Mann aus Samarien war, der dem unter die Räuber gefallenen Menschen zu Hilfe kam, und keiner aus Israel, kein Priester und kein Levit (Lk 10,29–37). Es war auch kein Israelit, der Jesus für die Heilung vom Aussatz dankte, sondern wiederum ein Mann aus Samarien (Lk 17,11–19). Als ein römischer Hauptmann fest daran glaubte, dass Jesus seinen gelähmten Diener auf ein einziges Wort hin heilen werde, sagte Jesus zu den umstehenden Leuten: »Einen solchen Glau-

ben habe ich in Israel noch bei niemandem gefunden« (Mt 8,5–10).

Keine elitäre Gemeinde

Die an die Jünger gerichteten mahnenden Worte Jesu können auch ausgedeutet werden auf die Kirche kommender Generationen. Schon in der frühen Kirche gab es Tendenzen, sich als eine moralisch perfekte, reine Gemeinde darzustellen, als eine elitäre Gruppe. Zu Beginn des 4. Jahrhunderts sahen die Anhänger des Donatus in der Kirche eine Gemeinschaft von Heiligen, in der es keinen Platz für Sünder gibt. Im Mittelalter wollten die Katarer (»die Reinen«) eine reine, makellose Kirche verkörpern und schlossen darum die in ihren Augen Unvollkommenen aus ihren Gemeinden aus. Auch zu Zeiten der Reformatoren treffen wir auf sich als exklusiv verstehende, schwärmerisch veranlagte Gemeinschaften, so die »Wiedertäufer«. Eine Reihe von Sekten in unserer Zeit, wie beispielsweise »die Heiligen der letzten Tage«, erhebt den Anspruch, die apostolische Kirche in reiner Gestalt zu verwirklichen. Es ist noch nicht lange her, dass Ordensleute sich als »Stand der Vollkommenheit« einschätzten. Dass es auch innerhalb der Ordensgemeinschaften Schwestern gab, die sich vollkommener vorkamen als andere, hat Teresa von Avila in ihrem Karmel erfahren. Sie schreibt dazu: »Alles Vergleichen ist der Tod des geistlichen Lebens.«

Bis ins 20. Jahrhundert hinein hat sich die Kirche als »allein selig machende Kirche« verstanden, was auf das Wort des Kirchenschriftstellers Cyprian, Bischof von Karthago, zurückgeht: *Extra ecclesiam nulla salus* – »Außer der Kirche kein Heil«. Damit wurden alle außerhalb der Kirche lebenden Menschen als gottlose Heiden hingestellt. Der Gedanke des alleinigen Heilsanspruchs der Kirche ist vor allem seit dem 2. Vatikanischen Konzil überwunden. Es hat das Wort des hl. Augustinus aufgenommen, dass es innerhalb der Kirche Menschen gibt, die ihr nur äußerlich, dem Leibe nach angehören, mit ihrem Herzen jedoch nicht, und dass außerhalb der Kirche Menschen anzutreffen sind, die ihr zwar dem Leibe nach nicht angehören, jedoch in ihrem Herzen. Man kann es auch so sagen: Das Reich Gottes überschreitet die Grenzen der Kirche, die Kirche ist nicht mit dem Reich Gottes gleichzusetzen.

Nicht vorschnell urteilen

Wenn in der Parabel vom Unkraut unter dem Weizen gesagt wird, es sei schwer, den Weizen vom Unkraut zu unterscheiden, beides könne leicht verwechselt werden, dann gilt dies uns heute genau wie den Jüngern. Im übertragenen Sinne, religiös-ethisch betrachtet, heißt dies: nicht voreilig zu unterscheiden suchen zwischen vollkommen und unvollkommen, zwischen echt und unecht, zwischen wahr und falsch, zwischen gläubig und ungläubig. Ich möchte mich nicht davon freisprechen, dass ich manchmal schnell mit einem Urteil zur Hand bin: Der kennt nur sich. Der rückt nie von seinem Standpunkt ab. Der war ja schon immer so.

Ein Urteil sollte ich mir vor allem verbieten, wenn es um den Glauben eines anderen Menschen geht. In den vor einem Jahr veröffentlichten Briefen spricht Mutter Teresa von ihren Anfechtungen im Glauben, von den Dunkelheiten in ihrem Herzen: »... diese unbeschreibliche Dunkelheit – diese Einsamkeit, dieses beständige Verlangen nach Gott – das in meinem Herzen diesen tiefen Schmerz verursacht – es herrscht eine solche Dunkelheit, dass ich wirklich nichts sehen kann – weder in meinem Geist noch in meinem Verstand – der Platz Gottes in meiner Seele ist leer. In mir ist kein Gott ...« (in: Komm, sei mein Licht, S. 11). Wer kann wissen, was in einem Menschen vorgeht, den wir für einen Atheisten halten. Es gibt, so hat einmal Karl Rahner gesagt, so etwas wie einen »bekümmerten Atheismus«, wo ein Mensch darunter leidet, dass er nicht glauben kann, sich aber im Grunde seines Herzens danach sehnt. Wir sollten das Urteil Gott überlassen, der die Herzen der Menschen kennt. Im Psalm 139 sagt ein Beter von Gott: »Herr, du hast mich erforscht und du kennst mich. Ob ich sitze oder stehe, du weißt von mir. Von fern erkennst du meine Gedanken« (1f.).

Bis zum Gericht eine Zeit des Heils und der Anfechtung

Mit der Ernte, so sahen wir es schon in einem anderen Zusammenhang, ist das Gericht am Ende dieser Weltzeit gemeint. Noch für Johannes den Täufer fielen die Ankunft des Messias und das Gericht zusammen. »Schon ist die Axt an die Wurzel der Bäume gelegt«, sagt er in seiner Bußpredigt, »jeder Baum, der keine gute Frucht hervorbringt, wird umgehauen und ins Feuer geworfen« (Mt 3, 10). »Schon hält er«, gemeint ist Jesus, »die Schaufel in der Hand; er wird die Spreu vom Weizen trennen und den Weizen in seine Scheune bringen; die Spreu aber wird er in nie erlöschendem Feuer verbrennen« (Mt 3,12). Die Parabel, nach der man das Unkraut mit dem Weizen wachsen lassen soll, betont hingegen, dass noch Zeit ist bis zur Ernte, denn der »Menschensohn«, wie der Sämann in der Parabel gedeutet wird (Mt 13,37), ist gekommen, guten Samen zu säen. Es gibt vor dem Gericht eine Zeit des Heils, eine Zeit, in der Gott liebend und mit großer Langmut um den Menschen wirbt. Aus dem Bild der Parabel ist dies freilich nicht herauszulesen. Und der hl. Augustinus tut dem Bild sicherlich Gewalt an, wenn er meint, das Unkraut könne noch in Weizen umgewandelt werden. Doch der Umgang Jesu mit schuldig gewordenen Menschen zeigt mehr als deutlich, dass es eine Umwandlung zum Guten geben kann. Schauen wir auf die Ehebrecherin oder auf die Sünderin, die zu Jesus in das Haus des Pharisäers Simon gekommen war (Lk 7,36–50). Schauen wir auf den Zöllner Zachäus (Lk 19,1–10) oder auf den in die Irre gegangenen Sohn und seinen Vater, der auf ihn wartet, wie es im Gleichnis geschildert wird (Lk 15,11–32).

Der böse Feind, der Unheil sät

In der Parabel ist die Rede vom Feind, der das Unkraut unter den Weizen gesät hat. In der allegorischen Deutung der Parabel (Mt 13,36–43) wird der Feind mit dem Teufel identifiziert, der die Saat des Bösen ausstreut. Er erscheint als eine personifizierte widergöttliche Macht, die Unheil sät (vgl. Lk 10,19). Und das nicht nur in der Welt, die wir so gerne als böse Welt hinstellen, sondern auch in der Kirche, die im Laufe ihrer Geschichte vom Bösen angefochten wurde und ihm oft unterlag. Einige Kirchenväter der ersten Jahrhunderte haben die Kirche eine *casta meretrix* genannt, eine »keusche Hure«. Mit dieser paradoxen Bezeichnung wollten sie ausdrücken, dass in der Kirche beides anzutreffen ist: Heilbringendes und Unheilvolles. Gerne singe ich aus dem von Maria Luise Thurmair stammenden Lied: »Gedenke, Herr, die Kirche zu erlösen, sie zu befreien von der Macht des Bösen, als Zeugen deiner Liebe uns zu senden und zu vollenden.«

In der Gemeinsamen Synode der Deutschen Bistümer in Würzburg wurde heftig darüber diskutiert, ob es nicht nur eine »Kirche der Sünder« gibt, in der es sündige Menschen gibt, zu denen wir uns alle zu zählen haben, sondern auch eine »sündige Kirche«. Das heißt eine Kirche, der strukturell, als gesellschaftlicher Größe, Ungutes anhaften kann. Das erweist die Kirchengeschichte, in der es viel Unheilvolles gab, vor allem nach der sog. Konstantinischen Wende. Gemäß dem Beschluss der Synode stand schließlich in deren Grunddokument »Unsere Hoffnung. Ein Bekenntnis zum Glauben in unserer Zeit« das Wort von der »sündigen Kirche«.

Die Kirche ist nichtsdestoweniger auch die »heilige Kirche«, in der das Reich Gottes an Raum gewinnt, in der der Geist Gottes, sein Heiliger Geist, am Werk ist, in der Jesus mit seiner befreienden Botschaft Gestalt annimmt. Wir können durch unser Handeln aus seinem Geist und mit ihm auf den Wegen zu den Menschen dazu beitragen, dass die Saat Gottes aufgeht, trotz des Unkrauts, das der »alt böse Feind«, wie ihn Martin Luther genannt hat, immerfort ausstreut. Am Ende der Zeiten, so sagen es die Bilder der Parabel, wird die ausgesäte böse Saat ausgerottet sein und der Same des Gottesreiches zur vollen Frucht gereift sein. Der Weizen wird eingebracht in Gottes Scheune. An diese Verheißung der Parabel möchte ich glauben.

Die Parabel vom großen Gastmahl Lk 14,16–24

»Ein Mann veranstaltete ein großes Festmahl und lud viele dazu ein. Als das Fest beginnen sollte, schickte er seinen Diener und ließ den Gästen, die er eingeladen hatte, sagen: Kommt, es steht alles bereit! Aber einer nach dem andern ließ sich entschuldigen. Der erste ließ ihm sagen: Ich habe einen Acker gekauft und muss jetzt gehen und ihn besichtigen. Bitte, entschuldige mich! Ein anderer sagte: Ich habe fünf Ochsengespanne gekauft und bin auf dem Weg, sie mir genauer anzusehen. Bitte, entschuldige mich! Wieder ein anderer sagte: Ich habe geheiratet und kann deshalb nicht kommen. Der Diener kehrte zurück und berichtete alles seinem Herrn. Da wurde der Herr zornig und sagte zu seinem Diener: Geh schnell auf die Straßen und Gassen der Stadt und hol die Armen und die Krüppel, die Blinden und die Lahmen herbei. Bald darauf meldete der Diener: Herr, dein Auftrag ist ausgeführt; aber es ist immer noch Platz. Da sagte der Herr zu dem Diener: Dann geh auf die Landstraßen und vor die Stadt hinaus und nötige die Leute zu kommen, damit mein Haus voll wird. Das aber sage ich euch: Keiner von denen, die eingeladen waren, wird an meinem Mahl teilnehmen« (Lk 14,16–24).

Die Parabel vom Gastmahl ist in zweifacher Weise überliefert. Im Lukasevangelium ist die Rede von einem Hausherrn, der zu einem großen Festmahl viele Gäste eingeladen hatte, wogegen das Matthäusevangelium von einem König erzählt, der die Hochzeit seines Sohnes vorbereitet hatte (Mt 22,1–14). Die beiden Gleichniserzählungen weisen erhebliche Unterschiede auf. Gemeinsam ist ihnen, dass die zum Gastmahl Geladenen den »Ruf der Stunde« nicht hören und dafür dann andere herbeigerufen werden. Ich habe die Version des Lukasevangeliums gewählt, weil in ihr der Grundgedanke der Gleichniserzählung deutlicher zum Ausdruck kommt als bei Matthäus.

Der Kontext der Parabel

Vor der Gleichniserzählung steht eine Episode, die man überschreiben kann: Die Wahl der rechten Gäste (Lk 14,12–14). Jesus, so hören wir, war bei einem führenden Pharisäer zu Gast. Der hatte nur seine Freunde, Verwandte und Nachbarn eingeladen. Jesus gab ihm zu bedenken: »Wenn du ein Essen gibst, dann lade Arme, Krüppel, Lahme und Blinde ein. Du wirst selig sein, denn sie können es dir nicht vergelten; es wird dir vergolten werden bei der Auferstehung der Gerechten ... Als einer der Gäste das hörte, sagte er zu Jesus: Selig, wer im Reich Gottes am Mahl teilnehmen darf« (Lk 14,13–15). Daraufhin hat Jesus die Parabel vom Gastmahl erzählt.
Was dem Gastgeber empfohlen wird, nämlich statt seiner vornehmen Freunde hilfsbedürftige Menschen einzuladen, findet in der Parabel bildhaften Ausdruck. Ein wohlhabender Mann hatte seinesgleichen zu einem Gastmahl eingeladen. Nun sandte er seinen Diener aus, um den Eingeladenen zu sagen, alles stehe zum Mahl bereit. Doch sie alle hatten plötzlich keine Zeit und waren um eine Entschuldigung nicht verlegen. Der eine hatte einen Acker erworben, weswegen er notgedrungen dorthin müsse, um ihn zu besichtigen. Ein anderer sagte, er habe fünf Joch

Ochsen gekauft und sei gerade unterwegs, um sie zu begutachten. Noch einer entschuldigte sich damit, dass er soeben geheiratet habe. Plausible Gründe. Aber die Geladenen wussten ja doch seit geraumer Zeit von der Einladung. Dass die zuerst Eingeladenen, alle ohne Ausnahme, sich entschuldigten, ist sicher eine Zuspitzung, wie sie der bildhaften Rede eigen ist. Es ist der Parabel darum zu tun, den vornehmen und begüterten Leuten Arme, Krüppel, Blinde und Lahme gegenüberzustellen; diese sind dieselben Menschengruppen wie in der Geschichte von der Wahl der rechten Gäste. Allesamt sind sie Arme und Kranke. Der Gegensatz von wohlhabenden, geehrten und armen, verachteten Leuten ist die Sinnspitze der Erzählung. Das Lukasevangelium hat man »das Evangelium der Armen« genannt. Die soziale Dimension des Lukasevangeliums zeigt sich auch in dieser Parabel.
Als der Herr erfuhr, dass alle die Einladung ausgeschlagen hatten, fühlt er sich brüskiert und wird zornig. Er fordert seinen Diener auf, schnell auf die Straßen und Gassen der Stadt zu gehen und die Armen, die Krüppel, die Blinden und die Lahmen herbeizurufen. Aber es ist immer noch Platz, woraufhin der Hausherr seinen Diener noch einmal losschickt. Er solle auf die Landstraßen hinausgehen und vor die Stadt und die Leute nötigen, hereinzukommen, damit sein Haus voll werde. Dort draußen, vor den Umfriedungen der Wohlhabenden, waren die Deklassierten zu finden, die aus irgendeinem Grund aus der Gesellschaft Ausgestoßenen. Es heißt, dass sie genötigt, gedrängt werden sollen, weil diese am Rande stehenden Menschen in Verlegenheit geraten konnten und sich möglicherweise gegen die Einladung in das Haus eines Reichen sträubten; bis sie, wie es Joachim Jeremias formuliert

hat, »bei der Hand genommen und mit sanfter Gewalt ins Haus gezogen werden« (Augustinus hat das Wort »nötigen« – in der Vulgata: *compelle intrare* – als Berechtigung für Gewaltmaßnahmen gegenüber den Ketzern gedeutet, so dass manche in ihm den geistigen Vater der Inquisition sahen). Mit dem abschließenden Satz: »Das aber sage ich euch: Keiner von denen, die eingeladen waren, wird an meinem Mahl teilnehmen« (V. 24) meint der Hausherr diejenigen, die die Einladung zu seinem Mahl nicht angenommen haben.

Wir haben es mit einer fiktiven Geschichte zu tun, die sich so hätte ereignen können. Stünde sie nicht im Evangelium, kämen wir wohl nicht auf den Gedanken, dass sie etwas mit Gott, mit Jesus zu tun hat – vor allem, wenn wir auf die den Handlungsablauf bestimmende Person schauen. Dieser Mann kann uns wirklich nicht als Vorbild dienen. Er handelt nicht so, wie es Jesus in der voraufgegangenen Begebenheit empfiehlt, nämlich statt der Reichen die Armen einzuladen. Und als dann die von ihm zuerst geladenen wohlhabenden Leute ihm eine Absage erteilen, fühlt er sich beleidigt und gerät in Zorn. Großherzigkeit kann man das auch nicht nennen, wenn er dann arme und kranke Menschen einlud, die eigentlich für ihn nur Ersatzleute, Lückenbüßer waren. Was in dieser Parabel geschildert wird, spielt sich alles auf der menschlichen Ebene ab.

Zur Deutung der Parabel

Im Unterschied zu Matthäus lässt Lukas in seinen Gleichnissen und Parabeln vieles offen. So auch in dieser Parabel. Indem aber Lukas diese profane Geschichte im Evangelium niedergeschrieben und weitergegeben hat, gewinnt sie eine neue Dimension. Gleichnisse und Parabeln sind, richtig verstanden, immer »doppeldeutig«. Sie bewegen sich auf zwei Ebenen. Das Gastmahl, geschildert auf der menschlichen Ebene, wird transparent für das Mahl im Reich Gottes. »Selig, wer im Reich Gottes am Mahl teilnehmen darf«, mit diesem Wort wird die Parabel eingeleitet. Es wird für sie zum Leitmotiv. So können wir die Parabel vom Gastmahl im Deutungshorizont der Reich-Gottes-Gleichnisse verstehen.

In ihr wird Kritik laut an Israel, das als Erstes berufen worden war, dem Reich Gottes in dieser Welt den Weg zu bereiten, und das sich dem verweigert hat. Die Einladung, die Botschaft vom Reich Gottes, das Jesus als der verheißene Messias verkündete, wurde nicht angenommen. Von den Hohepriestern und Ältesten wurde er abgelehnt und verworfen. Die Armen und Verachteten hingegen öffneten sich ihm, die von den Frommen und Gesetzestreuen abgeschriebenen, an den Rand gedrängten Menschen, die schuldig gewordenen Menschen, die Sünder, erfuhren bei ihm Vergebung. Die zweite Einladung an die »vor der Stadt« (Lk 14,23) wurde schon früh allegorisch ausgedeutet. Man verstand sie als Auftrag zur Mission sowohl an den Ausgestoßenen Israels wie an den sog. Heiden. Lukas, selbst Heidenchrist, schrieb sein Evangelium für Gemeinden, die überwiegend aus Heidenchristen bestanden. Wahrscheinlich ist Lukas gleichzusetzen mit dem im 2. Timotheusbrief erwähnten Mitarbeiter des Paulus, der diesen auf seinen Missionsreisen begleitete (vgl. 2 Tim 4,11).

Gott »will«, so heißt es im 1. Timotheusbrief, »dass alle Menschen gerettet werden und zur Erkenntnis der Wahrheit gelangen« (1 Tim 2,4). Es bleibt der Auftrag der christlichen Kirchen, die Botschaft von dem mit Jesus angebrochenen und in ihm gegenwärtigen Reich Gottes nicht nötigend – man denke an frühere Missionsmethoden –, sondern einladend zu den Menschen hinzutragen. Evangelisierung hieße dann, die Menschen nicht im Übereifer zu uns hinziehen zu wollen, sondern sie erst einmal dort aufzusuchen, wo sie leben. Sie da abzuholen, wo sie stehen. Hinzuhören auf das, was sie bewegt, wonach sie fragen, was sie bedrückt.

Wie können wir uns in der Parabel wiederfinden?

In welcher Weise finden wir uns in denen wieder, die von überallher geholt wurden? Während die selbstgerechten, sich vollkommen dünkenden Menschen der Einladung nicht folgen und dafür vielerlei Gründe vorschieben, lassen sich diejenigen einladen, die in mancherlei Hinsicht arm sind, leiblich und seelisch. So wie Gott sich in Jesus zu erkennen gegeben hat, zeigt Jesus gerade ihnen seine ganze Liebe. Mit ihnen hat er sich zum Ärgernis der Pharisäer zu Tisch gesetzt. Von ihm wussten sie sich reich beschenkt. Auch wir sind von Gott reich beschenkt. In Jesus schenkt er uns seine ganze Liebe. Er nimmt uns an in unserer Schwachheit und Gebrechlichkeit.

Wir können uns auch in denen sehen, die einladen, die Gastfreundschaft bieten. Denken wir noch einmal an die Geschichte, die der Parabel vorausgeht, wo Jesus den Gastgeber rügt. Er solle nicht seine Verwandten und seine Freunde einladen, sondern die Armen und Kranken, weil diese es ihm nicht vergelten können. Wer von uns fühlt

sich da nicht überfordert? Und ist es nicht unrealistisch, was da gefordert wird? Jesus oder der Evangelist will hier bewusst zuspitzen, um unseren Blick für Arme und Benachteiligte zu schärfen. Jesus verlangt nicht von uns, dass wir Freunde und Verwandte nicht einladen, um Armen Platz zu machen. Jesus selbst kannte keine Berührungsängste mit Reichen. Er ließ sich von ihnen einladen, und dies nicht in der Rolle eines Armen. Jesus geht es um einen Gesinnungswandel. Er möchte, dass ich in meinem Denken und Verhalten loskomme von dem *Do ut des*: Ich gebe etwas, damit der andere es mir lohnt. Ich lade andere ein, damit auch sie mich einladen. Ein solches Denken, das ist der Sinn dieser Forderung, gilt es zu überwinden.
Sicher wird jeder von uns auf seine Weise und den Umständen entsprechend sich bemühen, leiblich oder seelisch in Not geratenen Menschen beizustehen, Brücken zu schlagen von uns zu ihnen und von ihnen zu uns, ihnen dort zu begegnen, wo sie leben, sie zu uns einzuladen. Vielleicht müsste ich noch mehr als bisher meinen Blick öffnen für Menschen, denen es nicht gut geht, und im Maße meiner Möglichkeiten ihnen zur Seite stehen.

»Brich dem Hungrigen dein Brot, die im Elend wandern,
führe in dein Haus hinein; trag die Last der andern.

Brich dem Hungrigen dein Brot; du hast's auch
empfangen.
Denen, die in Angst und Not, stille Angst und Bangen.

Brich uns Hungrigen dein Brot, Sündern wie den
Frommen,
und hilf, dass an deinen Tisch wir einst alle kommen.«
(Martin Jentzsch)

Die Parabel vom »klugen« Verwalter Lk 16,1–8

»Jesus sagte zu den Jüngern: Ein reicher Mann hatte einen Verwalter. Diesen beschuldigte man bei ihm, er verschleudere sein Vermögen. Darauf ließ er ihn rufen und sagte zu ihm: Was höre ich über dich? Leg Rechenschaft ab über deine Verwaltung! Du kannst nicht länger mein Verwalter sein. Da überlegte der Verwalter: Mein Herr entzieht mir die Verwaltung. Was soll ich jetzt tun? Zu schwerer Arbeit tauge ich nicht, und zu betteln schäme ich mich. Doch ich weiß, was ich tun muss, damit mich die Leute in ihre Häuser aufnehmen, wenn ich als Verwalter abgesetzt bin. Und er ließ die Schuldner seines Herrn, einen nach dem andern, zu sich kommen und fragte den ersten: Wie viel bist du meinem Herrn schuldig? Er antwortete: Hundert Fass Öl. Da sagte er zu ihm: Nimm deinen Schuldschein, setz dich gleich hin und schreib ›fünfzig‹. Dann fragte er einen andern: Wie viel bist du schuldig? Der antwortete: Hundert Sack Weizen. Da sagte er zu ihm: Nimm deinen Schuldschein und schreib ›achtzig‹. Und der Herr lobte die Klugheit des unehrlichen Verwalters und sagte: Die Kinder dieser Welt sind im Umgang mit ihresgleichen klüger als die Kinder des Lichtes.«

Der Parabel hat man verschiedene Überschriften gegeben: der ungetreue Verwalter, der kluge Verwalter, der unehrliche Verwalter. Die drei Adjektive setzen hinsichtlich der Verhaltensweise des Verwalters verschiedene Akzente. Er war zweifellos unehrlich und ungetreu. Dennoch ist seine Klugheit die Sinnspitze dieser Parabel, die mit den Worten Jesu endet: »Die Kinder dieser Welt sind im Umgang mit ihresgleichen klüger als die Kinder des Lichtes« (Lk 16,8).

Die Rede ist von einem gerissenen Verwalter, der äußerst clever seinen Kopf aus der Schlinge zu ziehen weiß, als er wegen Veruntreuung zur Rechenschaft gezogen wird.

Kann die Großzügigkeit eines Mannes, der auf Mehrung seines Besitzes aus ist, wirklich so weit gehen, dass er die Klugheit dieses ihn selber schädigenden Urkundenfälschers auch noch mit einem Lob bedenkt? Mit Sicherheit nicht. Der Herr, der den unehrlichen Verwalter lobt, kann nur Jesus selber sein. Denn mit diesem Lob beginnen die Schlussfolgerungen, die Jesus aus dem Gleichnis zieht. Dass er einen solchen Gauner lobt und kein vernichtendes Urteil über ihn fällt, wird erst verständlich, wenn wir uns fragen, warum er ihn lobt. Er lobt ihn nicht wegen seines verwerflichen, ruchlosen Verhaltens, sondern wegen seiner Klugheit. Jesus bedient sich gewissermaßen eines Verfremdungseffektes, wenn er die Klugheit des unehrlichen Verwalters als beispielhaft kennzeichnet. Hier liegt der »springende Punkt« dieser Parabel.

Die Parabel will uns sagen, dass wir auch von unmoralischen Menschen lernen können. Das ist die »Moral« dieser unmoralischen Geschichte, die uns Jesus erzählt: Handelt ebenso klug und entschlossen wie dieser Verwalter, weil es euch um mehr gehen muss als um die Sicherung irdischen Besitzes. Es geht ja um das, was den Tod überdauern und für immer Bestand haben wird. Und da handeln oft diejenigen nicht konsequent genug, die in ihrem Leben Wert legen möchten auf etwas, was mehr ist als Besitz und Reichtum. Darum sagt Jesus im Anschluss an die Parabel vom ungerechten Verwalter: »Die Kinder dieser Welt sind im Umgang mit ihresgleichen klüger als die

Kinder des Lichtes« (Lk 16,8). Das ist ein Wort der Ermahnung. Jesus fragt uns, warum wir Christen, die wir doch an eine Erfüllung unseres Lebens über dieses irdische Leben hinaus glauben, uns nicht ebenso klug verhalten wie »die Kinder dieser Welt«. Denn diese agieren sehr geschickt, wenn es darum geht, Besitz zu erwerben oder ihn zu vermehren. Gerade durch die Dramatik dieser Geschichte vom »klugen« Verwalter erreicht Jesus das, was er uns eindringlich sagen will: Handelt, wenn es um das Reich Gottes geht, mit derselben Entschlossenheit!

Vom rechten Gebrauch des Reichtums (Lk 16,9–13)

Mit der Parabel vom »klugen« Verwalter wird ein längerer Abschnitt eingeleitet, in dem mehrere Jesusworte, mehrere Logien, vom Evangelisten Lukas zusammengestellt sind. Mit ihnen soll uns gesagt werden, wie die Klugheit, die Jesus anmahnt, im Umgang mit dem Besitz zu praktizieren ist.

»Ich sage euch: Macht euch Freunde mit Hilfe des ungerechten Mammons, damit ihr in die ewigen Wohnungen aufgenommen werdet, wenn es (mit euch) zu Ende geht. Wer in den kleinsten Dingen zuverlässig ist, der ist es auch in den großen, und wer bei den kleinsten Dingen Unrecht tut, der tut es auch bei den großen. Wenn ihr im Umgang mit dem ungerechten Reichtum nicht zuverlässig gewesen seid, wer wird euch dann das wahre Gut anvertrauen? Und wenn ihr im Umgang mit dem fremden Gut nicht zuverlässig gewesen seid, wer wird euch dann euer (wahres) Eigentum geben? Kein Sklave kann zwei Herren dienen; er wird entweder den einen hassen und den andern lieben, oder er wird zu dem einen halten und den andern verachten. Ihr könnt nicht beiden dienen, Gott und dem Mammon.«

»Macht euch Freunde mit Hilfe des ungerechten Mammons, damit ihr in die ewigen Wohnungen aufgenommen werdet, wenn es mit euch zu Ende geht.« Wiederum ein sperriges Wort, das zudem noch widersprüchlich klingt. Da werden wir aufgefordert, uns des ungerechten Mammons zu bedienen. Was kann in diesem Zusammenhang das Wort »Mammon« besagen? »Mammon« ist ein aus dem Hebräischen stammendes Lehnwort der griechischen Sprache und bedeutet so viel wie: worauf jemand vertraut, worauf er seine Hoffnung setzt. »Mammon« wurde dann zur geläufigen Bezeichnung für Besitz, Reichtum, Geld. Mit »ungerechtem Mammon« ist unredlich erworbener Reichtum gemeint. »Mammon« lässt sich auch interpretieren als ein »scheinbar Gesichertes, das im Stich lässt« oder als »Besitz, der eines Tages dahin ist«. Jesus nennt den Mammon »fremdes Gut«, mit dem wir uns nicht identifizieren dürfen.

Aber wir sind aufgefordert, es zu nutzen, Freunde zu gewinnen, damit wir in die ewigen Wohnungen aufgenommen werden, wenn es mit uns zu Ende geht. Auf diese Weise erhält der irdische Besitz eine andere Qualität. Indem wir andere daran teilhaben lassen, wenn wir anderen von dem mitgeben, was wir besitzen, dann finden wir in ihnen Fürsprecher bei Gott. Wer leichten Herzens etwas weggeben kann, bekundet damit die Relativität der irdischen Güter. Mir steht noch eine Szene vor Augen aus dem tragikomischen Schauspiel von Molière, »Der Geizige«. Ernst Ginsberg hat ihn damals auf den Münchner Bühnen dargestellt als tragische Figur. Der Geizhals, der

niemandem etwas abgeben will, sitzt auf seiner Schatztruhe, umklammert sie, wird gewissermaßen eins mit ihr.
Dazu die Geschichte von einem Sannyasi, einem indischen Wandermönch: »Der Sannyasi hatte den Dorfrand erreicht und ließ sich unter einem Baum nieder, um dort die Nacht zu verbringen, als ein Dorfbewohner angerannt kam und sagte: ›Der Stein! Gib mir den kostbaren Stein!‹, ›Welchen Stein?‹ fragte der Sannyasi. ›Letzte Nacht erschien mir Gott Shiwa im Traum‹, sprach der Dörfler, ›und sagte mir, ich würde bei Einbruch der Dunkelheit am Dorfrand einen Sannyasi finden, der mir einen kostbaren Stein geben würde, so dass ich für immer reich wäre.‹ Der Sannyasi durchwühlte seinen Sack und zog einen kostbaren Stein heraus. ›Wahrscheinlich meinte er diesen hier. Ich fand ihn vor einigen Tagen auf einem Waldweg. Du kannst ihn natürlich haben.‹ Staunend betrachtete der Mann den Stein. Es war ein Diamant. Wahrscheinlich der größte Diamant der Welt, denn er war so groß wie ein menschlicher Kopf. Er nahm den Diamant und ging weg. Die ganze Nacht wälzte er sich in seinem Bett und konnte nicht schlafen. Am nächsten Tag weckte er den Sannyasi bei Einbruch der Morgendämmerung und sagte: ›Gib mir den Reichtum, der es dir ermöglichte, diesen Diamanten so leichten Herzens wegzugeben.‹«
Um diese innere Freiheit geht es Jesus. Er möchte seine Jünger und Jüngerinnen von der Abhängigkeit von Besitz und Wohlstand frei machen. Ein Weg zu dieser Freiheit ist das Abgeben von Besitz. Die Freunde, die dadurch gewonnen werden, sind nach der Jesusüberlieferung des Lukasevangeliums vor allem die Armen. Wer den Armen Gutes tut, kann es nur selbstlos tun. Sie können ja nichts zurückgeben.

Wie in den damaligen sozialen Verhältnissen der römisch-hellenistischen Welt standen auch in Palästina einer kleinen Oberschicht und einer etwas breiteren Mittelklasse unzählig viele arme und unter dem Existenzminimum lebende Menschen gegenüber. Ihnen begegnete man tagtäglich. Unsere heutige Situation lässt sich damit nicht vergleichen – jedenfalls nicht dort, wo wir leben. Aber auch in unseren Regionen gibt es immer noch relativ viele sozial schlecht gestellte Menschen. Alte Menschen beispielsweise, auch Familien mit vielen Kindern, denen es wirtschaftlich nicht so gut geht, oder Migrantenfamilien. Und wer wollte die Augen verschließen vor der unbeschreiblichen Armut in zwei Dritteln unserer Welt? Bei allem übertriebenen, manchmal maßlosen Wohlstandsdenken in unserer Gesellschaft gibt es gottlob immer noch Menschen, die von dem abgeben, was sie besitzen. Oder denken wir an diejenigen, die sich als Entwicklungshelfer in der so genannten Dritten Welt einsetzen und ihren Lebensstandard reduzieren. Zu übersehen sind auch nicht die Hilfsaktionen für in Not geratene Menschen. Da gibt es recht viele, die durch Spenden ihren finanziellen Beitrag leisten, um Not zu lindern. Allerdings sind es meist gar nicht diejenigen, die ohne irgendeine Einbuße helfen könnten, sondern die kleinen Leute. Was wir im Einzelnen von unserer Habe abgeben sollen, dafür gibt es im Evangelium keine Handlungsanweisungen. Jeder muss für sich selber einschätzen, wo er in seiner Situation nach Kräften helfen kann.

Die Güter dieser Welt sind als solche nicht verwerflich. Dies sind sie auch nicht in den Augen Jesu. Er selber gehörte, aus einer Handwerkerfamilie stammend, nicht der unteren sozialen Schicht an und war auch später nicht völlig besitzlos oder obdachlos. Es ist von »seinem Haus« in Kapharnaum die Rede (Mk 2,15). Von vornehmen Frauen, die ihn begleiteten, ließ er sich und seine Jünger unterstützen (Lk 8,2). Anders als Johannes der Täufer war Jesus kein Asket. Berührungsängste mit Reichen, zu denen er sich einladen ließ, kannte er nicht. Er kam sogar in den Ruf, ein »Fresser und Säufer« zu sein (Mt 11,19 und Lk 7,34). Vom Oberzöllner Zachäus hat er nicht den völligen Verzicht auf sein Eigentum gefordert. Darum wäre es verfehlt, Jesus in die Rolle eines Armutsfanatikers zu bringen.

Mit seinen Warnungen vor dem Reichtum will Jesus sagen, dass die Armen eher die Möglichkeit haben, am Reich Gottes teilzuhaben. Jesus preist sie nicht deswegen selig, weil sie in Armut leben. Dass Not und Armut abgeholfen werden muss, zeigt das Gerichtsgleichnis, in dem Jesus von den Geringsten seiner Brüder und Schwestern spricht, denen wir beistehen sollen (Mt 25,31–46). Wenn es dennoch oft so ist, Gott sei es geklagt, dass trotz unserer Bemühungen, Abhilfe zu schaffen, die Armen nicht aus ihrer Armutssituation herauskommen, dann haben sie größere Chancen, in das Reich Gottes zu gelangen, als diejenigen, die schon alles zu haben meinen und darüber hinaus nach nichts mehr Verlangen spüren. Die Armen hingegen haben nichts oder jedenfalls nicht genug zum Leben und werden dankbar sein, wenn ihnen etwas geschenkt wird – und sei es noch so wenig. Jene jedoch, die viel besitzen, können sich leicht mit dem zufriedengeben, was sie ihr Eigen nennen. Mein Herz kann vollgestellt sein mit irdischen Gütern, dass nur wenig Platz besteht für das, woran Gott mich teilnehmen lassen will. So ist das fast beschwörend klingende Wort Jesu zu verstehen:

»Amen, das sage ich euch: Ein Reicher wird nur schwer in das Himmelreich kommen. Nochmals sage ich euch: Eher geht ein Kamel durch ein Nadelöhr, als dass ein Reicher in das Reich Gottes gelangt« (Mt 19,24).

Im Anschluss an die Parabel vom »klugen« Verwalter werden noch weitere Schlussfolgerungen gezogen: »Wer in den kleinsten Dingen zuverlässig ist, der ist es auch in den großen, und wer bei den kleinsten Dingen Unrecht tut, der tut es auch bei den großen. Wenn ihr im Umgang mit dem ungerechten Reichtum nicht zuverlässig gewesen seid, wer wird euch dann das wahre Gut anvertrauen? Und wenn ihr im Umgang mit dem fremden Gut nicht zuverlässig gewesen seid, wer wird euch dann euer (wahres) Eigentum geben?« (Lk 16,10–12). In diesen Aussagen und Fragen liegt die Aufforderung, die uns anvertrauten irdischen Güter getreu zu verwalten und mit ihnen verantwortlich umzugehen; mögen sie auch gering einzuschätzen sein im Vergleich zu dem wahren Gut, dem wahren Eigentum, das wir in Gott finden. Unser irdischer Besitz bleibt daher »fremdes Gut«. Es ist gewissermaßen nur Leihgut. Dennoch sollen wir mit ihm in guter Weise wirtschaften, indem wir es einsetzen für das, was nottut.

Es gilt Verantwortung zu übernehmen, um mit den Mitteln, die jedem Einzelnen zur Verfügung stehen, Menschen zu helfen, dass sie menschenwürdig leben können, dass sozialem Unrecht abgeholfen wird, dass der technische Fortschritt nicht zerstörerisch wirkt. Im Kleinen zuverlässig sein kann weiter bedeuten, uns mit den Möglichkeiten, die wir haben, auch politisch zu engagieren, dem Frieden, der Gerechtigkeit, der Bewahrung der Schöpfung zu dienen. »Und wenn ihr im Umgang mit dem fremden Gut nicht zuverlässig gewesen seid, wer wird euch dann euer (wahres) Eigentum geben?« Dieses Wort deutet darauf hin, dass wir das Große nur erlangen, wenn wir das Kleine ernst nehmen. Ohne den Bezug zu den Realitäten dieser Welt würde unser religiöses Tun in der Luft hängen. Wie wir mit dem, was wir in dieser Welt besitzen, umgehen, das kann nicht losgelöst gesehen werden von dem Suchen nach dem, was bleibenden Wert hat, über dieses Leben hinaus. Dort, wo die wahren Güter sind.

Die Worte, die im Anschluss an die Parabel zum rechten Gebrauch von Besitz und Reichtum gesagt werden, schließen mit einer Warnung vor dem Mammon als Gegenpart Gottes. Mammon und Gott erscheinen hier als zwei Herren, denen wir nicht zugleich dienen können, denen wir nicht gleichermaßen anhangen können. »Kein Sklave kann zwei Herren dienen; er wird entweder den einen hassen und den andern lieben, oder er wird zu dem einen halten und den andern verachten. Ihr könnt nicht beiden dienen, Gott und dem Mammon« (Lk 16,13). Mit diesem Wort hat Lukas zweifellos einen Kernpunkt der Verkündigung Jesu weitergegeben. Ein provozierendes, herausforderndes Wort Jesu, dem wir nicht ausweichen können!

Während in den vorausgehenden Worten die irdischen Güter als wertvoll erachtet werden, sofern wir verantwortlich mit ihnen umgehen und die notwendige Distanz zu ihnen bewahren, erscheint der Mammon in diesem Bildwort als personifizierte widergöttliche Macht, als eine Größe, die den Menschen total für sich beansprucht, ihn völlig vereinnahmt. Ihn lieben heißt: sich ihm ausliefern, in ihm den Sinn des Lebens finden. Wer allein auf den Mammon setzt, der wird Gott für überflüssig halten. Wer dagegen Gott dient, ihn liebt, ihn achtet, der muss den Mammon, den irdischen Besitz gering schätzen. Hier kann es kein »Sowohl als auch« geben, sondern nur ein »Entweder oder«.

Es kann durchaus sein, dass Menschen gar nicht einmal bewusst Gott ablehnen. Und dennoch leben sie so, als gäbe es ihn nicht. Gott oder der Mammon – diese Entscheidung wird, ohne dass wir uns dessen immer bewusst sind, konkret in unserem Leben gefällt, in der Art und Weise, wie wir uns zu den Dingen dieser Welt verhalten, woran unser Herz hängt. Von Martin Luther stammt das Wort: »Woran einer sein ganzes Herz hängt, das ist sein Gott.« Woran einer sein *ganzes* Herz hängt! Denn wir dürfen uns von Herzen freuen an den Kostbarkeiten dieser Welt, dürfen sie genießen, dürfen uns auch an dem freuen, was wir besitzen. Es gibt nichts in der von Gott geschaffenen Welt, was in sich schlecht wäre. Die Frage ist nur, welchen Sinn wir den Gütern dieser Erde geben. Wenn wir unser ganzes Herz daran hängen und sie losgelöst von Gott sehen, zu dem hin alles geschaffen ist, dann machen wir sie zu unserem Gott. Das meint Jesus, wenn er sagt: »Ihr könnt nicht beiden dienen, Gott und dem Mammon.«

Die Parabel von den Arbeitern im Weinberg Mt 20,1–16

»Denn mit dem Himmelreich ist es wie mit einem Gutsbesitzer, der früh am Morgen sein Haus verließ, um Arbeiter für seinen Weinberg anzuwerben. Er einigte sich mit den Arbeitern auf einen Denar für den Tag und schickte sie in seinen Weinberg. Um die dritte Stunde ging er wieder auf den Markt und sah andere dastehen, die keine Arbeit hatten. Er sagte zu ihnen: Geht auch ihr in meinen Weinberg! Ich werde euch geben, was recht ist. Und sie gingen. Um die sechste und um die neunte Stunde ging der Gutsherr wieder auf den Markt und machte es ebenso. Als er um die elfte Stunde noch einmal hinging, traf er wieder einige, die dort herumstanden. Er sagte zu ihnen: Was steht ihr hier den ganzen Tag untätig herum? Sie antworteten: Niemand hat uns angeworben. Da sagte er zu ihnen: Geht auch ihr in meinen Weinberg! Als es nun Abend geworden war, sagte der Besitzer des Weinbergs zu seinem Verwalter: Ruf die Arbeiter, und zahl ihnen den Lohn aus, angefangen bei den letzten, bis hin zu den ersten. Da kamen die Männer, die er um die elfte Stunde angeworben hatte, und jeder erhielt einen Denar. Als dann die ersten an der Reihe waren, glaubten sie, mehr zu bekommen. Aber auch sie erhielten nur einen Denar. Da begannen sie, über den Gutsherrn zu murren, und sagten: Diese letzten haben nur eine Stunde gearbeitet, und du hast sie uns gleichgestellt; wir aber haben den ganzen Tag über die Last der Arbeit und die Hitze ertragen. Da erwi-

derte er einem von ihnen: Mein Freund, dir geschieht kein Unrecht. Hast du nicht einen Denar mit mir vereinbart? Nimm dein Geld und geh! Ich will dem letzten ebenso viel geben wie dir. Darf ich mit dem, was mir gehört, nicht tun, was ich will? Oder bist du neidisch, weil ich (zu anderen) gütig bin? So werden die Letzten die Ersten sein und die Ersten die Letzten« (Mt 20,1–16).
Die Geschichte von den Arbeitern im Weinberg zählt zu den bekanntesten Gleichnissen, ist jedoch nicht so leicht zu deuten, wie es auf den ersten Blick scheint. Wir haben wieder eine Parabel vor uns mit für sie typischen Merkmalen. Sie nimmt einen Verlauf, den man so nicht erwarten kann. Auf eine überraschende, provokative Weise wird sie zu Ende geführt. Goethe hat einmal gesagt, dass Jesus mit seinen gleichnishaften Erzählungen in der Weltliteratur unübertroffen sei. Man darf in Erzählungen, wie es auch die Gleichnisse sind, durchaus ein literarisches Kunstwerk sehen, denn die künstlerische Gestaltung einer Erzählung hat auch etwas mit ihrem Inhalt zu tun. Die Weinbergparabel mit ihren gestalterischen Elementen kann dafür ein Beispiel sein. Ihre Handlung entwickelt sich in drei Schritten: die Anwerbung der Arbeiter, der Konflikt bei der Auszahlung, die Klärung im Schlussdialog. Am Geschehen sind drei Personen bzw. Personengruppen beteiligt: der Weinbergbesitzer, die zuerst angeworbenen Arbeiter und diejenigen, die als letzte in den Weinberg gegangen sind und nur eine Stunde gearbeitet haben. Weiter gibt es die damals üblichen vier Zeitabschnitte des Tages im Drei-Stunden-Rhythmus, in denen die Arbeiter angeworben werden. Auch dies ist kunstvoll gestaltet, denn auf diese Weise wird erreicht, dass eine ungleiche Arbeitsleistung zustande kommt.

Dass die Parabel von Jesus stammt, steht außer Zweifel. Dagegen ist die abschließende Sentenz: »So werden die Letzten die Ersten sein und die Ersten die Letzten«, dem Evangelisten Matthäus zuzuschreiben. In etwas abgewandelter Form finden sich dieselben Worte am Ende des 19. Kapitels, unmittelbar vor der Parabel: »Viele aber, die jetzt die Ersten sind, werden dann die Letzten sein, und die Letzten werden die Ersten sein« (Mt 19, 30). Dadurch dass Matthäus der Parabel diesen Rahmen gegeben hat, ist sie zu einem Gerichtsgleichnis geworden, das den Blick auf das Ende richtet. Jetzt die Ersten, dann einmal die Letzten! Jesus ging es um etwas anderes. Ihm lag daran, im Handeln des Gutsherrn gleichnishaft die alles menschliche Maß übersteigende Liebe Gottes zur Sprache zu bringen.

In der Parabel geht es um das Verhältnis von menschlicher Leistung und göttlichem Lohn. Es wird nicht gesagt, anders als vor den drei Gleichnissen im 15. Kapitel des Lukasevangeliums, an wen die Parabel gerichtet ist. Doch auch hier könnte man an die Schriftgelehrten und Pharisäer denken, die von Gott ihren gerechten, ihren verdienten Lohn erwarteten. Am Schluss des Kapitels, das der Parabel vorausgeht, wird von einem Gespräch zwischen Petrus und Jesus erzählt. Petrus fragt Jesus, was der Lohn sei, den er für seinen Weg in seiner Nachfolge erhalte. »Du weißt, wir haben alles verlassen und sind dir nachgefolgt. Was werden wir dafür bekommen?« Jesus antwortet mit dem Hinweis auf den geistigen Lohn, auf »das Hundertfache«, und auf den Lohn im ewigen Leben (Mt 19,27–30). Es ist nicht auszuschließen, dass der Evangelist mit der hier angesprochenen Lohnfrage schon die frühen judenchristlichen Gemeinden im Blick hatte. Auch ihnen wird sich die Frage nach dem Verhältnis von Verdienst und Lohn gestellt haben. Wie entlohnt Gott diejenigen, die dem Ruf Jesu nachgekommen sind und sich in seinen Dienst gestellt haben? In der Erzählung von den Arbeitern im Weinberg hat Jesus darauf eine Antwort gegeben.

Schauen wir zunächst auf das, was sich auf der menschlichen Ebene abspielt. Der Ablauf der Handlung wird vom Weinbergsbesitzer bestimmt. Während dem Verwalter in der Auszahlung des Lohnes nur eine Nebenrolle zukommt, wirbt der Herr des Weinbergs selber die Arbeiter an und ist bei deren Entlohnung anwesend, um seine scheinbar ungerechte Handlungsweise zu rechtfertigen. Am Morgen wirbt er Tagelöhner für die Arbeit in seinem Weinberg an; wahrscheinlich war die im August anstehende Traubenernte gemeint. Er vereinbart mit ihnen einen Denar, den üblichen Tageslohn, mit dem unter den damaligen Verhältnissen auch eine mehrköpfige Familie einen Tag lang ihr Auskommen hatte. Im Ablauf des Tages gewinnt er neue Arbeiter hinzu. Als er um die dritte Stunde Menschen antrifft, die keine Arbeit haben, werden sie von ihm aufgefordert, in seinen Weinberg zu gehen. Wenn er ihnen sagt: »Ich werde euch geben, was recht ist«, so deutet er damit schon auf den Ausgang der Geschichte hin. Um die sechste und neunte Stunde geht er noch einmal auf den Markt. Erst sehr spät, erst in der elften Stunde, entdeckt er Männer, die den ganzen Tag untätig herumstanden. Auf seine Frage, warum sie nicht arbeiteten, geben sie zur Antwort: »Niemand hat uns angeworben« (Mt 20,7). Daraufhin lassen sie sich in den Weinberg schicken. Obwohl der Bedarf eigentlich gedeckt war und es nicht mehr viel zu arbeiten gab, wollte der Gutsherr auch ihnen die Möglichkeit geben, etwas für den Unterhalt ihrer Familie zu verdienen. Er lässt ihnen den Tageslohn von einem Denar auszahlen, der ihnen rechtlich gesehen nicht zustand. Kein Arbeitgeber würde sich in der Auszahlung des Lohnes so verhalten. In der Parabel ist die übliche Entlohnungspraxis – gleicher Lohn für gleiche Arbeit – aufgehoben.

Die Arbeiter, die zuerst angeworben wurden, nehmen in der Parabel eine Schlüsselstellung ein. Denn mit ihrer Einschätzung von gerecht und ungerecht war der Konflikt mit dem Herrn des Weinbergs vorprogrammiert. Sie waren gegen ihn aufgebracht, machten ihrem Ärger Luft, weil sie zuletzt entlohnt wurden und mit ansehen mussten, wie die zuletzt Angeworbenen, die nur kurze Zeit im Weinberg gearbeitet hatten, den gleichen Lohn erhielten wie sie, die von früh bis abends in der Hitze des Tages ihrer Arbeit nachgegangen waren. Wenn man die im Arbeitsleben geltenden Maßstäbe anlegt, so muss man das Verhalten des Weinbergbesitzers als ungerecht ansehen. Angemerkt sei, dass die zuerst Angeworbenen nicht metaphorisch auf Israel hin gedeutet werden dürfen und die zuletzt Hinzugekommenen nicht auf die so genannten Heidenvölker. Die Ersten repräsentieren auch nicht die gesetzesstolzen Pharisäer und die Letzten nicht die von Jesus gerufenen Sünder. Jesus hat in der Parabel alle jene Menschen im Auge, die sich auf ihre Leistung berufen und den entsprechenden Lohn fordern, und stellt sie denen gegenüber, die nicht so viel aufzuweisen haben und doch den gleichen Lohn erhalten. Und hier müssen wir uns fragen, zu welchen wir gehören wollen. Zu den ersteren möchten wir sicherlich nicht gehören.

Ein Gleichnis aus der rabbinischen Überlieferung, zeitlich etwas später zu datieren, erzählt von Arbeitern, die darüber ungehalten sind, weil einem, der nur zwei Stunden gearbeitet hat, genauso viel ausgezahlt wird wie anderen, die den ganzen Tag ihrer Arbeit nachgegangen sind. Ihnen wird geantwortet, der Schriftgelehrte Rabbi Bun habe in nur 28 Jahren mehr in der Thora geforscht als einer seiner eifrigsten Schüler in 100 Jahren. Der Unterschied zur biblischen Parabel springt in die Augen. In dem rabbinischen Gleichnis wird argumentiert, es gelte nicht zu zählen, sondern zu wägen, zu gewichten. Demnach läge kein Unrecht vor. Ganz anders die Argumentation des Gutsbesitzers. Er geht zwar in gewisser Weise auch auf die Frage nach Recht oder Unrecht ein, indem er einem der Arbeiter bedeutet, dass ihm kein Unrecht geschehe, weil er ja einen Denar mit ihm vereinbart habe. »Mein Freund, dir geschieht kein Unrecht. Hast du nicht einen Denar mit mir vereinbart? Nimm dein Geld und geh!« Der Herr des Weinbergs wirbt gleichsam um das Einverständnis der Arbeiter mit seiner Entlohnungspraxis; vielleicht sagt er deswegen zu dem angesprochenen Arbeiter: »Mein Freund«. Dem Herrn des Weinbergs liegt vor allem daran, die Freiheit seines Handelns zu betonen: »Ich will dem letzten ebenso viel geben wie dir. Darf ich mit dem, was mir gehört, nicht tun, was ich will?«

In diesen Worten erschließt sich der Sinn der Parabel, ihr Grundgedanke. Der Wille des Gutsherrn, dem, der zuletzt und nur kurz im Weinberg gearbeitet hat, den gleichen Lohn auszuzahlen wie dem, der den ganzen Tag seine Arbeit getan hat, entspringt nicht einer Laune. Der alleinige Grund liegt darin, dass er gut ist. Er fragt nicht danach, wer mehr oder wer weniger gearbeitet hat, sondern belohnt die zuletzt Gekommenen in gleicher Weise wie die zuerst Angeworbenen. Ungeschuldet.

Matthäus hat zwar das der Parabel hinzugefügte Wort von den Letzten und den Ersten auf das endzeitliche Gericht bezogen, es lässt sich aber auch im Kontext der Parabel deuten. Dabei geht es nicht um das Verhältnis der Letzten zu den Ersten, sondern um das der Ersten zu den Letzten. Denn die Ersten sind aufgefordert, auch den Letzten ihren Lohn zuzugestehen, sich zu lösen von einem rein rechnerischen Denken, das einzig nach dem gerechten Lohn für die geleistete Arbeit fragt. Eine solche Denkungsart führt zu Missgunst. Die Arbeiter, die Gerechtigkeit einfordern, gönnen den anderen nicht den ihnen zugeteilten geschenkten Lohn. So fragt der Gutsherr einen der gegen ihn aufgebrachten Tagelöhner: »Ist dein Auge etwa böse, weil ich gut bin?« Im alttestamentlichen Sprachgebrauch ist das »böse Auge« eine Metapher für Neid und Missgunst. Die Parabel wirbt um das Einverständnis derer, die sich in der Situation des empörten und missgünstigen Ersten befinden.

Wir sind gewohnt, von der Parabel der Arbeiter im Weinberg zu sprechen. Eigentlich müsste man sie »die Parabel vom gütigen Weinbergsherrn« nennen. Mit der Bildgeschichte von diesem gütigen Mann will Jesus unseren Blick auf Gott hinlenken. Sie lässt uns ein wenig erahnen, wie Gott uns Menschen gesonnen ist. Von Gott können wir indes nur gleichnishaft, in Bildern sprechen, weil er alles menschliche Begreifen übersteigt. Nach den Worten des Ignatius von Loyola ist er *semper magis*, immer größer. Unendlich größer vor allem in seiner Liebe. Diese unwahrscheinlich erscheinende Geschichte vom gütigen

Weinbergsbesitzer hat Gott wahr gemacht in seiner vorbehaltlosen Liebe einem jeden Menschen gegenüber. Er fragt nicht, ob wir seine Liebe verdient haben. Niemandem, und mag sein Handeln auch noch so unzulänglich sein, entzieht er seine Liebe.

In dem Kapitel der Bergpredigt über die Liebe zu den uns nicht gut gesonnenen Menschen sagt Jesus, dass Gott seine Sonne aufgehen lässt über Bösen und Guten, und es regnen lässt über Gerechte und Ungerechte (Mt 5,45). Das hat Jesus besonders jene Menschen erfahren lassen, die in den Augen der Selbstgerechten nichts galten, sich von ihm jedoch in ihrer Schwachheit angenommen und geliebt wussten. Im Glauben an seine grenzenlose Güte werden alle unsere Berechnungen hinsichtlich »verdient« oder »nicht verdient« ihre Gültigkeit verlieren. Gott macht einen Strich durch unsere Rechnung. Mit unseren Rechenkünsten verrechnen wir uns immer, denn Gott schenkt unverdient, ungeschuldet. »Ich will dem letzten ebenso viel geben wie dir. Darf ich mit dem, was mir gehört, nicht tun, was ich will?« Gott handelt in der Freiheit seiner Liebe auch denen gegenüber gut, die es nicht verdient haben. Und dazu zählen wir alle. Mit den Worten von Helmut Thielecke: »Gott liebt uns nicht, weil wir so wertvoll sind, sondern wir sind so wertvoll, weil er uns liebt.«

Wenn wir wahrnehmen, wie unbegreiflich gut Gott an uns handelt, wie er uns mit seiner Liebe beschenkt, weit mehr als wir verdienen, dann wird dies auch zur rechten Selbsteinschätzung im Blick auf andere führen. Wir hätten dann wirklich keinen Grund, uns mit ihnen zu vergleichen oder uns sogar besser zu dünken als sie. Wir gehören ohne unser Verdienst zu denen, an die schon früh der Ruf Jesu ergangen ist, und wir haben versucht, ihm zu folgen. Andere haben später erst, vielleicht nach langem Suchen, sich von Gott finden lassen. Sie durften erfahren, dass er ihnen seine ungeteilte Liebe schenkt. Ihnen nicht weniger als den zuerst Gerufenen. »Ich will dem letzten ebenso viel geben wie dir.« Der Lohn für alle, für die Ersten wie für die Letzten, wird Gott selbst sein.

Die Parabel von den beiden Schuldnern Lk 7,36–50

»Jesus ging in das Haus eines Pharisäers, der ihn zum Essen eingeladen hatte, und legte sich zu Tisch. Als nun eine Sünderin, die in der Stadt lebte, erfuhr, dass er im Haus des Pharisäers bei Tisch war, kam sie mit einem Alabastergefäß voll wohlriechendem Öl und trat von hinten an ihn heran. Dabei weinte sie und ihre Tränen fielen auf seine Füße. Sie trocknete seine Füße mit ihrem Haar, küsste sie und salbte sie mit dem Öl. Als der Pharisäer, der ihn eingeladen hatte, das sah, dachte er: Wenn er wirklich ein Prophet wäre, müsste er wissen, was das für eine Frau ist, von der er sich berühren lässt; er wüsste, dass sie eine Sünderin ist. Da wandte sich Jesus an ihn und sagte: Simon, ich möchte dir etwas sagen. Er erwiderte: Sprich, Meister! (Jesus sagte:) Ein Geldverleiher hatte zwei Schuldner; der eine war ihm fünfhundert Denare schuldig, der andere fünfzig. Als sie ihre Schulden nicht bezahlen konnten, erließ er sie beiden. Wer von ihnen wird ihn nun mehr lieben? Simon antwortete: Ich nehme an, der, dem er mehr erlassen hat. Jesus sagte zu ihm: Du hast recht. Dann wandte er sich der Frau zu und sagte zu Simon: Siehst du diese Frau? Als ich in dein Haus kam, hast du mir kein Wasser zum Waschen der Füße gegeben; sie aber hat ihre Tränen über meinen Füßen vergossen und sie mit ihrem Haar abgetrocknet. Du hast mir (zur Begrüßung) keinen Kuss gegeben; sie aber hat mir, seit ich hier bin, unaufhörlich die Füße geküsst. Du hast mir nicht das

Haar mit Öl gesalbt; sie aber hat mir mit ihrem wohlriechenden Öl die Füße gesalbt. Deshalb sage ich dir: Ihr sind ihre vielen Sünden vergeben, weil sie (mir) so viel Liebe gezeigt hat. Wem aber nur wenig vergeben wird, der zeigt auch nur wenig Liebe. Dann sagte er zu ihr: Deine Sünden sind dir vergeben. Da dachten die anderen Gäste: Wer ist das, dass er sogar Sünden vergibt? Er aber sagte zu der Frau: Dein Glaube hat dir geholfen. Geh in Frieden!« (Lk 7,36–50).

Die Parabel von den beiden Schuldnern (V. 40–43) ist überlieferungsgeschichtlich ein integraler Bestandteil der Rahmenerzählung von der Sünderin im Haus des Pharisäers Simon. Sie ist die leitende Perspektive für die ganze Handlung. Es handelt sich wiederum um einen Text, der sich nur im Lukasevangelium findet.

Vergegenwärtigen wir uns die Situation und das Geschehen. Simon, ein frommer Jude, der Gruppe der Pharisäer zuzurechnen, hatte Jesus zum Essen eingeladen. Es war nicht das einzige Mal, dass Jesus bei einem Pharisäer zu Gast war (vgl. Lk 11,37; 14,1). Er hatte Freunde unter den Pharisäern. Diese lebten geradezu vorbildhaft, was die Erfüllung des Gesetzes betraf. Darunter gab es aber auch solche, die Jesus wegen seiner angeblich laschen Gesetzesauffassung ablehnten. Der Pharisäer Simon gehörte nicht dazu, er war Jesus freundlich gesonnen. Ihn hatte er nicht eingeladen, um ihm eine Falle zu stellen. Möglicherweise wollte er mit ihm ins Gespräch kommen über die Stellung Jesu zum Gesetz. Denn es hatte sich herumgesprochen, dass Jesus denjenigen gegenüber, die sich gegen das Gesetz verfehlt hatten, nachsichtig war.

Wie Jesus es mit dem Gesetz hielt und wie er denen begegnete, die sich dagegen verfehlt hatten, sollte Simon bald erfahren. In seinem eigenen Haus. Kaum hatten sie sich zu Tisch gelegt, da kam eine stadtbekannte Dirne in das Haus. Sie lief auf Jesus zu, warf sich tränenüberströmt vor ihm nieder und trocknete seine Füße mit ihrem langen Haar. Damit nicht genug, sie küsste unablässig die Füße Jesu und salbte sie dann mit Öl aus einem Alabastergefäß, das sie bei sich trug. Simon fragte sich, wie Jesus so etwas mit sich geschehen lassen konnte. Er musste doch wissen, was das für eine Frau ist. Und zudem machte sich Jesus gemäß dem jüdischen Gesetz durch die Berührung mit Sündern unrein.

Jesus hatte seine Gedanken erkannt. Die Frage, die er Simon stellte, kleidete er in eine Bildrede. Es wird von einem Geldverleiher erzählt, der zwei Schuldner hatte. Der eine war ihm fünfhundert Denare schuldig, der andere nur fünfzig. Keiner von den beiden war in der Lage, seine Schulden zu begleichen. Daraufhin erließ der Geldverleiher beiden das geschuldete Geld. Es war damals auch schon ungewöhnlich, dass ein Geldverleiher auf Anhieb Schulden erließ. Aber Jesus greift gerade Fälle auf, die im täglichen Leben selten vorkamen und spitzt sie zu, was ein typisches Merkmal für eine Parabel ist. Und er endet dann mit einer Frage: »Wer von ihnen wird ihn nun mehr lieben?« Dabei lenkt er das als peinlich empfundene Tun der als Dirne bekannten Frau und sein Verhalten ihr gegenüber von sich weg auf den Gastgeber und die geladenen Gäste.

Dass Jesus sich die von Liebe getragenen Berührungen einer Frau, die in den Augen der Gesetzestreuen als Sünderin, als unrein galt, hatte gefallen lassen, ließ bei dem Pharisäer Simon Zweifel an der Person Jesu aufkommen. Darauf wollte Jesus aber nicht eingehen. Ihm kam es vielmehr darauf an, mit der Geschichte von den beiden Schuldnern Simon und seine Gäste zum Nachdenken zu bringen, um Verständnis zu wecken für das Tun der Frau und dafür, dass er das Bekunden ihrer Liebe annahm.

Wie oft in den Gesprächen der Rabbinen überlässt Jesus auch hier die Beantwortung der Frage dem Gesprächspartner. Er fragt, welcher der beiden Schuldner den Geldverleiher mehr lieben wird: der, dem nur wenig erlassen war, oder derjenige, dem in einem viel größeren Maße die Schuld getilgt wurde – lieben hier mehr in dem Sinn von dankbar sein verstanden. »Wer von ihnen wird ihn nun mehr lieben?« fragt Jesus den Simon. Der ahnt, worauf Jesus hinauswill. Die Antwort des Simon ist vorsichtig gehalten. »Ich nehme an, der, dem er mehr erlassen hat.« Und Jesus: »Du hast recht.« Dies hat wohl kaum einen ironischen Unterton. Es kommt Jesus auch nicht darauf an, Simon wegen der unterlassenen Höflichkeitsformen zu tadeln. Möglicherweise will der Evangelist den Kontrast deutlich machen zwischen dem Verhalten der Frau und dem des Pharisäers. Durch die Gegenüberstellung der beiden Schuldner sollen die überschwänglichen Liebeserweise dieser Frau ins rechte Licht gerückt werden.

In der Folgerung, die Jesus daraus zieht, versucht er, Simon umzustimmen. »Deshalb sage ich dir: Ihr sind ihre vielen Sünden vergeben, weil sie (mir) so viel Liebe gezeigt hat. Wem aber nur wenig vergeben wird, der zeigt auch nur wenig Liebe.« Der erste Satz (V. 7a): »Ihr sind ihre vielen Sünden vergeben, weil sie (mir) so viel Liebe gezeigt hat«, könnte darauf schließen lassen, dass die Liebe der Frau die Ursache für die Sündenvergebung war. Dies stünde jedoch im Widerspruch zur Aussage der Parabel, die das ganze Geschehen aufschlüsselt. Der Schuldner, dem die größere Schuld erlassen ist, liebt auch mehr. Die Liebe, die Dankbarkeit nimmt ihr Maß an der Größe der nachgelassenen Schuld.

Schon bevor die Frau das Haus des Pharisäers Simon betrat, musste sie Jesus begegnet sein, Vertrauen in ihn gewonnen haben, seine vergebende Liebe erfahren haben. Ihr war aufgegangen, dass Jesus sie nicht verachtete, wie es die Hüter des Gesetzes taten. Und darum erwies sie ihm so viel Liebe. Die Sündenvergebung durch Jesus und dessen Güte gegenüber sündigen Menschen hatte sie zu solch großer Liebe bewogen. Das sagt auch das Wort Jesu: »Wem nur wenig vergeben wird, der zeigt auch nur wenig Liebe« (V. 47b).

Ihr, die schon vorher Vergebung erfahren hat, wird nun noch einmal ausdrücklich von Jesus die Vergebung zugesprochen: »Dann sagte er zu ihr: Deine Sünden sind dir vergeben.« Dass Jesus ihr nun im Hause des Simon und seiner Gäste die Vergebung ihrer Schuld schenkt, ließ ihre Liebe noch tiefer werden. Es ist nicht zu verwundern, dass die Sündenvergebung durch Jesus Simon und seine Gäste fragen ließ: »Wer ist das, dass er sogar Sünden vergibt?« In dem Wort der Sündenvergebung spricht nicht ein Rabbi, ein Lehrer des Gesetzes. Es spricht wie bei der Heilung des Gelähmten und der diesem zuteil gewordenen Sündenvergebung der Menschensohn (Mk 2,1–12). »Ihr sollt aber erkennen, dass der Menschensohn die Vollmacht hat, hier auf der Erde Sünden zu vergeben« (V. 10). Jesus entlässt die Frau mit den Worten: »Dein Glaube hat dir geholfen. Geh in Frieden!«

Gottes grenzenlose Vergebungsbereitschaft ist im Verhalten Jesu der Frau gegenüber sichtbar geworden. Und sie galt, wie es vor allem das Lukasevangelium berichtet, vielen sündigen Menschen, die in ihrer Hilfsbedürftigkeit zu Jesus kamen. Darin, wie er jenen begegnete, die von den Frommen, den sich gerecht Vorkommenden, abgeschrieben waren, zeigt sich, wie Gott auch mir gesonnen ist. Kann ich Gott, der in Jesus seine grenzenlose Liebe offenbar gemacht hat, seine Liebe glauben? Kann ich ihm glauben, dass er mich niemals fallen lässt? Mir auch dann vergibt, wenn Schuld, selbst schwere Schuld mich belastet?

Die Parabel vom verlorenen Sohn Lk 15,11–32

»Alle Zöllner und Sünder kamen zu ihm, um ihn zu hören. Die Pharisäer und die Schriftgelehrten empörten sich darüber und sagten: Er gibt sich mit Sündern ab und isst sogar mit ihnen« (Lk 15,1f.). Nachdem der Evangelist das Verhalten der Pharisäer und Schriftgelehrten den Zöllnern und Sündern gegenüber geschildert hat, folgt das Doppelgleichnis vom verlorenen Schaf und der verlorenen Drachme (V. 3–10). Daran schließt sich die Parabel vom verlorenen Sohn an (V. 11–32). »Weiter sagte Jesus: Ein Mann hatte zwei Söhne. Der jüngere von ihnen sagte zu seinem Vater: Vater, gib mir das Erbteil, das mir zusteht. Da teilte der Vater das Vermögen auf. Nach wenigen Tagen packte der jüngere Sohn alles zusammen und zog in ein fernes Land. Dort führte er ein zügelloses Leben und verschleuderte sein Vermögen. Als er alles durchgebracht hatte, kam eine große Hungersnot über das Land und es ging ihm sehr schlecht. Da ging er zu einem Bürger des Landes und drängte sich ihm auf; der schickte ihn aufs Feld zum Schweinehüten. Er hätte gern seinen Hunger mit den Futterschoten gestillt, die die Schweine fraßen; aber niemand gab ihm davon. Da ging er in sich und sagte: Wie viele Tagelöhner meines Vaters haben mehr als genug zu essen und ich komme hier vor Hunger um. Ich will aufbrechen und zu meinem Vater gehen und zu ihm sagen: Vater, ich habe mich gegen den Himmel und gegen dich versündigt. Ich bin nicht mehr wert, dein Sohn zu sein; mach mich zu einem deiner Tagelöhner. Dann brach er auf und ging zu seinem Vater. Der Vater sah ihn schon von weitem kommen und er hatte Mitleid mit ihm. Er lief dem Sohn entgegen, fiel ihm um den Hals und küsste ihn. Da sagte der Sohn: Vater, ich habe mich gegen den Himmel und gegen dich versündigt; ich bin nicht mehr wert, dein Sohn zu sein. Der Vater aber sagte zu seinen Knechten: Holt schnell das beste Gewand und zieht es ihm an, steckt ihm einen Ring an die Hand und zieht ihm Schuhe an. Bringt das Mastkalb her und schlachtet es; wir wollen essen und fröhlich sein. Denn mein Sohn war tot und lebt wieder; er war verloren und ist wiedergefunden worden. Und sie begannen, ein fröhliches Fest zu feiern. Sein älterer Sohn war unterdessen auf dem Feld. Als er heimging und in die Nähe des Hauses kam, hörte er Musik und Tanz. Da rief er einen der Knechte und fragte, was das bedeuten solle. Der Knecht antwortete: Dein Bruder ist gekommen und dein Vater hat das Mastkalb schlachten lassen, weil er ihn heil und gesund wiederbekommen hat. Da wurde er zornig und wollte nicht hineingehen. Sein Vater aber kam heraus und redete ihm gut zu. Doch er erwiderte dem Vater: So viele Jahre schon diene ich dir, und nie habe ich gegen deinen Willen gehandelt; mir aber hast du nie auch nur einen Ziegenbock geschenkt, damit ich mit meinen Freunden ein Fest feiern konnte. Kaum aber ist der hier gekommen, dein Sohn, der dein Vermögen mit Dirnen durchgebracht hat, da hast du für ihn das Mastkalb geschlachtet. Der Vater antwortete ihm: Mein Kind, du bist immer bei mir, und alles, was mein ist, ist auch dein. Aber jetzt müssen wir uns doch freuen und ein Fest feiern; denn dein Bruder war tot und lebt wieder; er war verloren und ist wiedergefunden worden« (Lk 15,11–32).

Für die Deutung des Doppelgleichnisses vom verlorenen

Schaf und der verlorenen Drachme und der Parabel vom verlorenen Sohn ist es wichtig, den Kontext zu beachten, in dem sie stehen. Was hat Jesus dazu veranlasst, diese Geschichten zu erzählen? Und wem hat er sie erzählt? Damals, so hören wir, nahten sich Jesus viele Zöllner und Sünder. Jesus befindet sich in schlechter Gesellschaft, weswegen sich die Pharisäer und die Schriftgelehrten über ihn empörten und sagten: »Er gibt sich mit Sündern ab und isst sogar mit ihnen« (Lk 15,2). Besonders das Letzte empfanden sie als skandalös. Wer sich mit solchen Leuten an einen Tisch setzt, der bekundet damit: Ich bin euer Freund, mit euch gehe ich gerne um. Man hat das 15. Kapitel im Lukasevangelium das »Evangelium im Evangelium« genannt. Wenn auch das ganze Evangelium gute Kunde von einem liebenden Gott ist, so ist doch in diesem Kapitel die Botschaft Jesu von Gott wie in einem Brennpunkt eingefangen. Jesus erzählt auf dreifache Weise, wie Gott uns Menschen gesonnen ist, wie sehr ihm daran gelegen ist, dass wir nicht verloren gehen. Dass wir uns nicht selbst verlieren.

Mehr als bei denen, die auf ihre Gesetzestreue pochten, sich selbstgerecht gebärdeten und meinten, mit Gott im Reinen zu sein, fand Jesus Zugang zu Menschen, die sich schwach und hilfsbedürftig vorkamen. Unter ihnen gab es auch solche, die Jünger und Jüngerinnen Jesu wurden. Denken wir an Maria von Magdala oder an den Zöllner Levi (vielleicht mit dem Evangelisten Matthäus zu identifizieren), der dem Ruf Jesu auf der Stelle folgte. Vor ihm, so hören wir, waren schon viele Jesus nachgefolgt: »Als Jesus in seinem Haus« – im Haus des Levi – »beim Essen war, aßen viele Zöllner und Sünder zusammen mit ihm und seinen Jüngern; denn es folgten ihm schon viele«

(Mk 2,15). Auch diesmal nahmen die Gesetzestreuen Anstoß. »Als die Schriftgelehrten, die zur Partei der Pharisäer gehörten, sahen, dass er mit Zöllnern und Sündern aß«, so im Markusevangelium, »sagten sie zu seinen Jüngern: Wie kann er zusammen mit Zöllnern und Sündern essen? Jesus hörte es und sagte zu ihnen: Nicht die Gesunden brauchen den Arzt, sondern die Kranken« (Mk 2,16f.).

Jesus erzählt davon, wie ein Schaf sich verlaufen hatte und wie der Hirte nicht ruhte, bis er es wieder fand. Wie einer Frau ein Geldstück abhanden gekommen war und wie sie in ihrem Haus alles auf den Kopf stellte, bis sie es entdeckte. Wie ein junger Mensch auf Abwege geraten war und wie sein Vater auf ihn wartete und ihn voll Freude aufnahm. In allen drei Gleichniserzählungen spricht Jesus von der Freude über das Wiedergefundene, in der Parabel vom verlorenen Sohn wird dies mit Musik und Tanz gefeiert. Alle, die sich verloren vorkamen, konnten daraus Hoffnung schöpfen. Ganz gezielt richtet Jesus die beiden Gleichnisse sowie die Parabel an die, die an ihm Anstoß nahmen: an die Pharisäer und Schriftgelehrten. Nachdem sie das Verhalten Jesu gegenüber schuldig gewordenen Menschen nicht gutgeheißen hatten, stellte er ihnen drei Beispiele vor Augen. »Da erzählte er *ihnen* ein Gleichnis ...« Er wollte sie damit gleichsam fragen: Würdet ihr nicht ebenso handeln wie dieser Hirte, wie diese Frau, wie dieser Vater, die alle dem Verlorenen nachgegangen sind? Und wenn sie geantwortet hätten, dass sie genauso handeln würden, dann hätte Jesus ihnen gesagt: Nichts anderes tue ich.

Wenden wir uns nun der Parabel vom verlorenen Sohn zu, dem Höhepunkt der drei Bildgeschichten, die vom Finden des Verlorenen erzählen. Es handelt sich wiederum um ein Gleichnis im engeren Sinne, um eine Parabel, denn die Geschichte weist ungewöhnliche, ja anstößige Züge auf und ist kontrastreich geschildert. Es gilt als ziemlich sicher, dass die Parabel von Jesus stammt und Lukas sie in ihren Grundzügen unversehrt gelassen hat. Ihr sind unterschiedliche Überschriften gegeben worden. »Der verlorene Sohn«, »der verlorene Sohn und der auf ihn wartende Vater«, »der gütige vergebungsbereite Vater«, »die beiden Söhne«. Für alle diese Vorschläge lassen sich Argumente anführen. Ich möchte Joachim Gnilka zustimmen, der in seinem Jesusbuch dafür plädiert, bei der Bezeichnung vom »verlorenen Sohn« zu bleiben. Denn der jüngere Sohn ist zweifellos der Protagonist (so wurde der Hauptdarsteller im altgriechischen Drama genannt), an dessen Ergehen der ältere Sohn als Kontrastfigur teilnimmt. Der Vater ist derjenige, der dem Handlungsverlauf die Richtung gibt (»Handlungssouverän«). Mit seiner erbarmenden, fast unverständlichen Liebe zu seinem jüngeren Sohn steht er in der Mitte der Parabel. Ihr Schwerpunkt liegt in der Beziehung zwischen den beiden. Wenn uns auch die Geschichte vom verlorenen Sohn vertraut ist, so sollten wir sie doch noch einmal nachzeichnen, um uns von ihr persönlich ansprechen zu lassen.

Der verlorene, heimgekehrte Sohn

Der Jüngere der beiden Söhne forderte schon zu Lebzeiten seines Vaters sein Erbteil, was zwar erlaubt war, aber als unschicklich galt. Mit der Übergabe des Erbteils verwirkt er für die Zukunft alle weiteren Ansprüche. Bevor er in die Fremde zog, hatte ihm der Vater vielleicht zu bedenken gegeben, ob das, was er jetzt vorhabe, klug sei. Doch er konnte nicht anders, als ihm seine Freiheit zu lassen. So zog der Sohn in ein fernes Land, wo er ein zügelloses und verschwenderisches Leben führte und sein Vermögen mit Dirnen durchbrachte. Als dann eine Hungersnot das Land heimsuchte, verdingte er sich als Schweinehirt. Der Umgang mit Schweinen, die nach jüdischer Auffassung als unrein galten, machte ihn selber unrein, und damit galt er als Ausgestoßener. Aber selbst als Schweinehirt konnte er seinen Hunger nicht stillen. Man gab ihm nicht einmal das Schweinefutter, die ausgetrockneten Schoten des Johannisbrotbaumes, zu essen. Er wusste nicht mehr ein noch aus. Tiefer hätte er nicht fallen können. Diese Situation äußerster Selbsterniedrigung führte ihn zur Erkenntnis, dass er überhaupt nur noch überleben könnte, wenn er den Weg nach Hause einschlug. Dabei wusste er sehr wohl, dass er dort keinerlei Ansprüche mehr stellen durfte. Sein Entschluss war zwar aus der Not geboren, doch es wurde ihm auch bewusst, wie tief er gefallen war. »Da ging er in sich und sagte: Wie viele Tagelöhner meines Vaters haben mehr als genug zu essen, und ich komme hier vor Hunger um. Ich will aufbrechen und zu meinem Vater gehen und zu ihm sagen: Vater, ich habe mich gegen den Himmel und gegen dich versündigt. Ich bin nicht mehr wert, dein Sohn zu sein; mach mich zu einem deiner Tagelöhner.«

Was erwartet ihn? Der Vater geht seinem Sohn schon von weitem entgegen, fällt ihm um den Hals, um zu verhindern, dass er sich unterwürfig vor ihm auf die Knie wirft. Er küsst ihn, lässt ihm das beste Gewand anziehen, ihm einen Siegelring an den Finger stecken und bekundet damit: Du bist mein Sohn. Dann werden ihm Schuhe gereicht, was nur einem freien Menschen gebührt, im Gegensatz zu einem Sklaven, der barfuß gehen muss. Auffällig ist, dass der Vater kein Wort der Vergebung ausspricht, sondern ihm durch Gesten der Liebe zeigt: Es ist nun alles gut. Und dann sagt der Vater zu den Knechten: »Wir wollen essen und fröhlich sein. Denn mein Sohn war tot und lebt wieder; er war verloren und ist wiedergefunden worden.« Tot nicht in körperlicher Hinsicht, wenn auch am Ende seiner Kräfte. Tot aber in seiner Seele, weil er sich der Liebe seines Vaters versagt hatte.

Der Vater spricht nicht vom zurückgekehrten, vielmehr vom wiedergefundenen Sohn. Wiedergefunden! Die Sehnsucht, den verirrten Sohn wiederzufinden, hat sich erfüllt. Und dann feiert er mit seinem Sohn ein Fest, als wäre nichts geschehen. Der Vater, es hätte auch eine Mutter sein können, hat keinerlei Bedingungen gestellt. Er wollte auch nicht, wie der Sohn es selber vorgeschlagen hatte, dass dieser als Tagelöhner arbeite, sozusagen zur Buße und als Wiedergutmachung. Er hätte auch nie zu ihm gesagt: Diesmal verzeihe ich dir noch einmal, gebe dir die Chance, dich zu bewähren. Wenn du aber rückfällig wirst, dann kannst du nicht mehr mit meiner Liebe rechnen. Dieser auf seinen Sohn wartende gütige Vater würde auch ein zweites oder drittes Mal dagestanden haben und wäre seinem Sohn entgegengegangen, hätte ihn in die Arme geschlossen.

Mit der Erfahrung der vergebenden, nicht nachtragenden Liebe seines Vaters fühlte sich der heimgekehrte Sohn von der Liebe des Vaters umfangen und fand so erst recht zur Umkehr. Jetzt konnte es nicht mehr anders sein, als dass sich sein Leben wandelte. Damit wird uns bewusst ge-

macht, dass weder Angst noch Bestrafung Menschen dazu bewegen können, sich zum Guten hinzuwenden. Einzig die Liebe vermag das. Jetzt erst beginnt der zum Vater zurückgekehrte Sohn wirklich zu leben. Dem daheim gebliebenen Sohn, der sich nicht mit dem Vater über die Heimkehr seines Bruders freuen kann, sagt der Vater: »Mein Kind, du bist immer bei mir, und alles, was mein ist, ist auch dein. Aber jetzt müssen wir uns doch freuen und ein Fest feiern; denn dein Bruder war tot und lebt wieder; er war verloren und ist wiedergefunden worden.« Mit diesem abschließenden Wort der Parabel über die grenzenlose Liebe des Vaters und über das dem Sohn neu geschenkte Leben ist alles gesagt.
Jesus wollte mit der Parabel von dem verlorenen und wieder aufgenommenen Sohn unseren Blick hinwenden auf Gott, der unbegreiflich gut ist und unbegrenzt vergebungsbereit. Er ist kein Gott, der uns Vorleistungen abverlangt, damit er uns erst daraufhin lieben kann. Wenn er eine Bedingung stellt, dann ist es die: uns seiner Liebe zu öffnen. Gott ist nicht wie einer von uns, die wir in unserer Liebe so oft Bedingungen stellen. Wenn Gott uns immer wieder verzeiht, uns heilt von unserer Schuld, dann können wir nicht anders, als den Menschen, die nicht gut an uns gehandelt haben, versöhnlich zu begegnen und ihnen ihre Schuld nicht nachzutragen.

Der sich verweigernde, selbstgerechte Sohn

Der andere Sohn versteht das Verhalten seines Vaters überhaupt nicht, hält ihn für ungerecht. So wird er zornig und will nicht mitfeiern, sich nicht mitfreuen mit seinem Bruder, der heimgefunden hat. Er ist bitter geworden, möglicherweise auch deswegen, weil er insgeheim selbst die vermeintliche Freiheit seines Bruders genossen hätte. In seinem Unwillen gebraucht er nicht einmal die Anrede »Vater«, im Unterschied zu seinem verlorenen und wiedergefundenen Bruder. Ist der Vorwurf des älteren Bruders so völlig unberechtigt? Sein heruntergekommener Bruder wird für sein Luderleben belohnt. Ihm dagegen hat sein Vater nie auch nur einen Ziegenbock geschenkt, um mit seinen Freunden ein Fest feiern zu können, obwohl er doch stets nach dessen Willen gehandelt und ihm viele Jahre gedient hat. Sein Vater kommt heraus und redet ihm gut zu, sagt zu ihm: »Mein Kind, du bist immer bei mir, und alles, was mein ist, ist auch dein. Aber jetzt müssen wir uns doch freuen und ein Fest feiern; denn dein Bruder war tot und lebt wieder; er war verloren und ist wiedergefunden worden« (Lk 15,31f.).

Wo lag die Fehleinschätzung seitens des älteren Sohnes? In der Aufrechnung seines Tuns und in der Erwartung, dafür den entsprechenden Lohn zu erhalten, erhalten zu müssen. Weil er doch dem Vater gedient und nie seinem Willen entgegen gehandelt hat! Damit erlag er einer im Spätjudentum vorherrschenden Lohnmoral. Selbst als der Vater, ihn mit »mein Kind« anredend, sagte, dass alles, was sein ist, auch ihm gehöre und er immer bei seinem Vater sei, blieb sein Herz verhärtet. Dies war genau das Gesetzesdenken und die Leistungsmoral der Pharisäer und Schriftgelehrten. Jesus wollte, dass sie sich im Denken und Verhalten des älteren Sohnes wiedererkennen und umdenken.

Einige Kirchenväter haben die Parabel in allegorischer Weise ausgelegt und der Handlungsweise der beiden Brüder eine symbolische Bedeutung beigemessen. Sie meinten, in dem in die Irre gegangenen, von Gott entfremdeten jüngeren Bruder die Heiden zu erkennen, denen dann Gott die Tür des Glaubens geöffnet hat. In dem daheim gebliebenen Sohn hingegen sahen sie das Volk Israel, das von sich sagen konnte, dass es Gott so viele Jahre gedient hat. In seinem Jesusbuch schreibt der Theologe Joseph Ratzinger dazu: »Wenn man so die Auslegung des Zwei-Brüder-Gleichnisses auf Israel und die Heiden als eine Dimension des Textes ansehen darf, so bleiben doch andere Dimensionen bestehen. Bei Jesus zielt die Rede vom älteren Bruder ja noch nicht einfach auf Israel hin (auch die zu ihm gekommenen Sünder waren Juden), sondern die spezifische Gefährdung der Frommen ... Gott ist für sie vor allem Gesetz; sie sehen sich in einem Rechtsverhältnis zu Gott, und da sind sie mit ihm im Reinen. Aber Gott ist größer: Sie müssen sich vom Gott-Gesetz zum größeren Gott der Liebe bekehren« (S. 251). Dies ist der historische Kontext, in dem die Parabel erzählt worden ist. Ihre Grundaussage liegt in dem Kontrast zwischen sündigen Menschen, die sich von der vergebenden Liebe Gottes anrühren und zur Umkehr bewegen lassen, und den einem Leistungsdenken verfallenen Gesetzeslehrern, die meinen, Gott müsse sie belohnen, weil sie so viel an Gutem aufgebracht haben.

Der erste Sohn ist eigentlich der verlorene Sohn, der noch nicht wiedergefunden wurde. Er lässt sich nicht heilen von seiner Überheblichkeit dem Bruder gegenüber und von seinem berechnenden Denken, das dem Vater den verdienten Lohn abverlangt. Vielleicht muss er selber einmal in Schuld fallen und sie als heilsam erkennen, weil sie ihn auf diesem Weg Gottes unentwegte Liebe erfahren lässt.

Das Verhalten des eigentlich verlorenen Sohnes, mit dem Jesus die Pharisäer und Schriftgelehrten meint, kann auch uns zum Nachdenken bringen. Wir möchten zwar keine Pharisäer sein, die die auf Abwege geratenen Menschen verachtet und verurteilt haben. Müsste ich mich nicht dennoch fragen, ob ich von Selbstgerechtigkeit ganz frei bin? Kann es nicht sein, dass wir diejenigen, die unbestritten Schlimmes begangen haben, so schnell abschreiben? Warum schließen wir völlig aus, dass sie ihre Schuld einsehen und von ihrem Tun ablassen? Wie schnell urteile ich manchmal über die, mit denen ich zusammenlebe, oder maße mir leichtfertig ein Urteil an über Menschen, von deren Lebensumständen und Problemen ich kaum etwas weiß.

Jesus hat die Parabel vom verlorenen Sohn und dem auf ihn wartenden Vater den sich tugendhaft gebärdenden Pharisäern und Schriftgelehrten erzählt. Ihnen – und auch uns – will er sagen: Gott lässt niemals einen Menschen fallen, mag er sich auch ins Weglose verirrt haben. Gott hält immer einen Weg für ihn offen.

Am Schluss ein Wort von Dietrich Bonhoeffer:

Wo die Menschen sagen: »verloren« –
da sagt er: »gefunden«.
Wo die Menschen sagen: »gerichtet« –
da sagt er: »gerettet«.
Wo die Menschen sagen: »nein« –
da sagt er: »ja«.

Die Beispielerzählung vom Pharisäer und vom Zöllner Lk 18,9–14

»Einigen, die von ihrer eigenen Gerechtigkeit überzeugt waren und die anderen verachteten, erzählte Jesus dieses Beispiel: Zwei Männer gingen zum Tempel hinauf, um zu beten; der eine war ein Pharisäer, der andere ein Zöllner. Der Pharisäer stellte sich hin und sprach leise dieses Gebet: Gott, ich danke dir, dass ich nicht wie die anderen Menschen bin, die Räuber, Betrüger, Ehebrecher oder auch wie dieser Zöllner dort. Ich faste zweimal in der Woche und gebe dem Tempel den zehnten Teil meines ganzen Einkommens. Der Zöllner aber blieb ganz hinten stehen und wagte nicht einmal, seine Augen zum Himmel zu erheben, sondern schlug sich an die Brust und betete: Gott, sei mir Sünder gnädig! Ich sage euch: Dieser kehrte als Gerechter nach Hause zurück, der andere nicht. Denn wer sich selbst erhöht, wird erniedrigt, wer sich aber selbst erniedrigt, wird erhöht werden.«

Die Adressaten

Wem erzählt Jesus die Geschichte vom Pharisäer und dem Zöllner? Sie ist an diejenigen gerichtet, die von ihrer eigenen Gerechtigkeit, von ihrer Vollkommenheit überzeugt waren und auf andere von oben herabschauten. Wie beispielsweise dieser Pharisäer. Er geht in den Tempel, um zu beten, stellt sich vorne hin und dankt Gott, dass er nicht ist wie die anderen Menschen. Die Räuber, die Betrüger, die Ehebrecher und auch der Zöllner, den er hinten im Tempel stehen sieht. Dann breitet er vor Gott das aus, was er geleistet hat. Er fastet zweimal in der Woche und gibt dem Tempel den zehnten Teil seines ganzen Einkommens. Er hatte also einiges aufzuweisen. Wenn wir das Wort Pharisäer gebrauchen, dann meinen wir damit einen heuchlerischen Menschen. Das waren die meisten Pharisäer nicht. Sie bemühten sich redlich, das Gesetz des Mose zu erfüllen.

Und dann der Zöllner hinten im Tempel. Er wagt nicht einmal, seine Augen zum Himmel zu erheben. Er schlägt sich an die Brust und betet: Gott, sei mir Sünder gnädig! Die Zöllner standen damals in dem Ruf, Leuten das Geld aus der Tasche zu ziehen und mehr von ihnen zu verlangen, als sie der Zollbehörde schuldig waren. Zudem kollaborierten sie mit der Besatzungsmacht, mit den Römern. Was immer dieser Zöllner hier im Tempel im Einzelnen an Schuld auf sich geladen hatte, er sah seine Vergehen ein und bat Gott um Vergebung. Von ihm sagt Jesus, dass er als Gerechter nach Hause zurückkehrte. Man kann auch sagen: im Frieden mit Gott und mit sich selbst. Der Pharisäer hingegen ging nicht gerechtfertigt davon, weil er eigentlich Gott gar nicht nötig hatte. Er meinte, sich durch die Erfüllung gesetzlicher Vorschriften Gottes Güte erkaufen zu können. Weil er fromme Leistungen erbracht hat, muss Gott ihn dafür belohnen. Man kann dies eine subtile Form von Selbsterlösung nennen.

Der Pharisäer und der Zöllner werden von Jesus als Kontrastfiguren vorgestellt, mit verschiedenen Denk- und Verhaltensweisen. Der Pharisäer verkörpert den gesetzestreuen, auf seine Leistungen pochenden Menschen, der von Gott erwartet, dass er ihn für seine guten Werke belohnt. Der Zöllner stellt einen Menschen dar, der sich ganz auf Gottes Liebe angewiesen weiß, der sich von ihm angenommen und geliebt weiß, obwohl er in Schuld gefallen ist. Jesus will uns an diesem Beispiel zeigen, dass wir im Frieden mit Gott und mit uns selbst leben können, wenn wir uns die Gesinnung des Zöllners zu eigen machen. Wie er dürfen wir uns ganz und gar Gott verdankt wissen. Und doch, lebt nicht in einem jeden von uns etwas von dem Pharisäer? Ich möchte dies für mich bejahen, und darum sollte ich dann auch nicht sagen: Ich danke dir, dass ich nicht bin wie dieser Pharisäer. Am Schluss der Beispielerzählung vom Pharisäer und Zöllner steht das Wort Jesu: »Wer sich selbst erhöht, wird erniedrigt, wer sich aber selbst erniedrigt, wird erhöht werden.«

Es geht um den Menschen

Diejenigen, mit denen Jesus zum Entsetzen der gesetzestreuen Leute Umgang pflegte, die Zöllner und Dirnen, hatten nicht viel aufzuweisen, sie fühlten sich auf Gottes Güte angewiesen. Sie kamen sich arm und hilfsbedürftig vor. Deswegen konnte Jesus ihnen Heilung schenken. Mit den Schriftgelehrten und Pharisäern hingegen tat Jesus sich schwer. Seine Botschaft von einem bedingungslos liebenden Gott fand in ihren Herzen keinen Widerhall. So sehr waren sie auf eine legalistische Moral fixiert, dass ihnen der Blick versperrt war für Gottes Liebe, die er uns Menschen schenkt, ehe wir etwas tun können. Sie rühmten sich ihrer eigenen Werke, sie wussten sich in ihrem Leistungsstolz nicht angewiesen auf Gottes zuvorkommende Gnade (der theologische Begriff: *gratia praeveniens*). Sie meinten, sich durch ihre frommen Werke Gottes Wohlwollen erkaufen zu können. Gott musste sie aufgrund perfekter Erfüllung der Gesetze belohnen, war ihnen den Lohn schuldig. Dies war reine Lohnmoral. Gerade deswegen geriet Jesus immer wieder in Konflikt mit den damaligen geistlichen Führern Israels.

Denen, die sich vor Gott groß vorkamen, war dann auch nicht viel am Menschen gelegen. So hören wir bei Lukas, wie Jesus an einem Sabbat in der Synagoge einem Menschen begegnet, dem die rechte Hand verdorrt war (Lk 6,6–11). Diejenigen, die sich im Gesetz Gottes auskannten oder auszukennen meinten, lagen auf der Lauer. Was wird dieser Jesus, der sich angeblich nicht an das Mosaische Gesetz hält, jetzt tun? Jesus ahnt, was sie im Schilde führen. Ehe er die verdorrte Hand des Mannes heil macht, stellt er ihn in die Mitte und fragt die Gesetzeslehrer: »Was ist am Sabbat erlaubt: Gutes zu tun oder Böses, ein Leben zu retten oder es zu vernichten? Sie aber schwiegen. Und er sah sie der Reihe nach an, voll Zorn und Trauer über ihr verstocktes Herz« (Mk 3,4f.).

Jesus geht es um das Leben, nicht um eine Erfüllung des Gesetzes um seiner selbst willen, am Menschen vorbei. Ihn, den Menschen, stellt Jesus, wie diesen Mann mit der verdorrten Hand, in die Mitte. Er ist konsequent in der Verkündigung der Menschenfreundlichkeit Gottes. Bei der Auseinandersetzung, in die er wegen des Ährenpflükkens am Sabbat hineingeraten war, bedeutet er den Gesetzeslehrern: »Der Sabbat ist für den Menschen da, nicht der Mensch für den Sabbat« (Mk 2,27). Dies war für diejenigen, die auf das Gesetz pochten und sich rigoros daran zu halten suchten, skandalös.

Jesus will nicht die Weisungen Gottes abschaffen, doch er will sie von äußeren Traditionen unterschieden wissen. »Warum«, sagt er den Schriftgelehrten, »missachtet denn ihr Gottes Gebot um eurer Überlieferung willen?« (Mt 15,3). Jesus wird hart angesichts der Hartherzigkeit der Gesetzeshüter: »Der Prophet Jesaja hatte Recht mit dem, was er über euch Heuchler sagte: Dieses Volk ehrt mich mit den Lippen, sein Herz aber ist weit weg von mir. Es ist sinnlos, wie sie mich verehren; was sie lehren, sind Satzungen von Menschen. Ihr gebt Gottes Gebot preis und haltet euch an die Überlieferung der Menschen. Und weiter sagte Jesus: Sehr geschickt setzt ihr Gottes Gebot außer Kraft und haltet euch an eure eigene Überlieferung. Mose hat zum Beispiel gesagt: Ehre deinen Vater und deine Mutter!, und: Wer Vater oder Mutter verflucht, soll mit dem Tod bestraft werden. Ihr aber lehrt: Es ist erlaubt, dass einer zu seinem Vater oder seiner Mutter sagt: Was ich dir schulde, ist Korbán, das heißt: eine Opfergabe. So setzt ihr durch eure eigene Überlieferung Gottes Wort außer Kraft. Und ähnlich handelt ihr in vielen Fällen« (Mk 7,6–13).

Für Jesus, so wie sich Gott in ihm erschlossen hat, erscheint das moralische Handeln der Menschen in einem völlig anderen Licht. Gutes zu tun, aus der Liebe heraus zu leben ist uns nur deswegen möglich, weil Gott uns schon im Voraus liebt und uns die Kraft zum Guten schenkt. Gott ist gut, er liebt uns, ehe wir überhaupt etwas tun können. Manchmal begegnen mir Christen, die meinen, sie selber müssten es schaffen, sie müssten möglichst viel an guten Werken und Verdiensten ansammeln, damit sie von Gott geliebt und von ihm angenommen werden. Von Helmut Thielicke stammt das Wort: »Gott liebt uns nicht, weil wir so wertvoll sind, sondern wir sind so wertvoll, weil Gott uns liebt.« Gott ist gut, ehe wir etwas tun können.

Keine Selbsterlösung – Gott erlöst und befreit uns

Paulus hat in seiner eigenen Glaubensgeschichte eine tiefgreifende Umwandlung erfahren. Er hat die meisten, wie er einmal schreibt, in der Treue zum jüdischen Gesetz übertroffen (Gal 1,4; Phil 3,6). Auch Paulus war ein gesetzestreuer Pharisäer. Aber dann wurde er zu der Einsicht geführt: Alles, was ich bisher getan habe, war eitles Rühmen aufgrund perfekter Gesetzeserfüllung. Jetzt jedoch suche ich nicht »meine eigene Gerechtigkeit, die aus dem Gesetz hervorgeht, sondern jene, die durch den Glauben an Christus kommt, die Gerechtigkeit, die Gott aufgrund des Glaubens schenkt« (Phil 3,9; vgl. auch Gal 2,6). Die Gesetze Gottes sind nicht abgeschafft, aber »das Gesetz« als der vermeintliche Weg zum Heil. Paulus setzt allein auf die Gnade: »Durch die Gnade Gottes bin ich, was ich bin« (1 Kor 15,10). Aus Gnade seid ihr gerettet durch den Glauben – die einzige Vorbedingung, die Gott an uns stellt, ist der Glaube. Dass wir ihm seine Liebe glauben, uns ihr öffnen! Doch selbst das ist schon von der Gnade Gottes bewirkt, ist schon im Voraus von Gott bereitet (Eph 2,10). »Gott ist es«, lesen wir im Brief an die Gemeinde von Philippi, »der in euch das Wollen und das Vollbringen bewirkt, noch über euren guten Willen hinaus« (Phil 2,13). Und was wir dann selber zu tun vermögen, verdanken wir allein der schenkenden, freigebigen Güte Gottes.

»Aus Gnade seid ihr gerettet« (Eph 2,8) – dieses Wort aus dem Brief des Paulus an die Christengemeinde von Ephesus könnte man das Evangelium, die Frohe Botschaft in den Paulinischen Schriften nennen. Es berührt die Herzmitte unseres Glaubens. Mit ihm ist angesprochen, worauf wir unsere Hoffnung setzen können: auf die Erlösung, die von Gott kommt. Er allein vermag uns zu erretten aus unserer todverfallenen Existenz, vermag uns zu befreien von Sünde und Schuld. Aus Gnade seid ihr gerettet – das bedeutet: Gott schenkt uns alles »gratis«, umsonst (»gratis« ist abgeleitet von lat. *gratia*, Gnade).

Wenn ein Mensch einem andern seine Liebe gratis schenkt, zeugt dies von einer tiefen, uneigennützigen Liebe. Da wird nicht erst gefragt: Was gibst du mir? Was hast du aufzuweisen, damit ich dich lieben kann? Dann fühlt sich der geliebte Mensch reich beschenkt. Kinder können das auch erfahren, wenn sie sich die Liebe ihrer Eltern nicht durch Artigsein erkaufen müssen. So wie die kleine Anna zu ihrer Mutter sagt: »Gell, du hast mich gern, einfach wegen nix!« Ja, auch Gott, und gerade er, liebt uns einfach wegen nix. Wir brauchen nicht im Voraus vor Gott Leistungen zu erbringen, um ihn dazu zu bringen, dass er uns liebt.

Aus Gnade seid ihr gerettet – dies sagt Paulus im Blick auf die uns in Christus zuteil gewordene Erlösung. »Dadurch«, sagt er, »dass er (Gott) in Christus Jesus gütig an uns handelte, wollte er den kommenden Zeiten den überfließenden Reichtum seiner Gnade zeigen. Denn aus Gnade seid ihr durch den Glauben gerettet, nicht aus eigener Kraft – Gott hat es geschenkt –, nicht aufgrund eurer Werke, damit keiner sich rühmen kann« (Eph 2,7f.).

Ohne Liebe ist alles nichts

»Ohne Liebe ist alles nichts!« – mit diesem Wort der hl. Teresa von Avila könnte man das »Hohelied der Liebe« im 1. Korintherbrief überschreiben. Dieses Lied setzt neue, unerhörte Wertmaßstäbe. Ich mag, wird da gesagt, noch so viel an guten Werken und frommen Leistungen aufzuweisen haben – dies alles würde vergeblich sein, wenn es nicht von der Liebe inspiriert wäre. Was ich da zustande bringe, kann nämlich leicht zum Selbstzweck werden oder der Selbstbespiegelung dienen. Paulus geht sogar so weit zu sagen: »Wenn ich alle Glaubenskraft besäße und Berge damit versetzen könnte, hätte aber die Liebe nicht, wäre ich nichts. Und wenn ich meine ganze Habe verschenkte und wenn ich meinen Leib dem Feuer übergäbe, hätte aber die Liebe nicht, nützte es mir nichts« (1 Kor 13,2b und 3). Der Pharisäer, der so viel vorzuzeigen hatte, ging nicht gerechtfertigt nach Hause. Denn er suchte mit seinem Tun letztlich nicht Gott und seine Mitmenschen, sondern schaute sich selber zu bei dem, was er an guten und frommen Werken aufzuweisen hatte. Alles, was er geleistet hatte, war sozusagen nur der Widerhall an der Schallmauer des eigenen Ichs.

Auch Martin Luther hat auf seinem Glaubensweg eine Hinkehr zu einem ihm alles schenkenden Gott vollzogen. Seine ihn in seinen ersten Klosterjahren quälende Frage war: »Wie finde ich einen gnädigen Gott?« Als Augustiner-Eremit in Erfurt und dann später in Wittenberg suchte Luther diesen gnädigen Gott zu finden, indem er Verdienste anhäufte durch ein Superprogramm von Bußübungen und Kasteiungen. Der Mönch Luther war von Sündenangst befallen. Sein Beichtvater Staupitz hat ihm einmal gesagt, so berichtet Luther später: »Was du da beichtest, sind ›Puppensünden‹.« Über das Studium der Gnadentheologie seines Ordensvaters Augustinus, vor allem der Paulusbriefe, gelangte Martin Luther zu der Erkenntnis, dass er nur noch auf die ihm im Voraus geschenkte Gnade Gottes zu setzen braucht. Dies war sein *sola gratia* – allein aus Gnade (vgl. Eph 2,8f.). Als Antwort des Menschen genügt der Glaube. Dies war sein *sola fide* – allein durch Glauben. Als Martin Luther diese Einsicht geschenkt wurde, konnte er sagen: »Jetzt bin ich durch!«

Gottes vorbehaltlose Liebe, wie sie der Zöllner in unserer Beispielerzählung erfahren hat, kann für uns kein Freibrief sein, als sollten wir in unserem Handeln alles Gott überlassen. Können wir denn, die wir an Gottes verschwenderische Liebe glauben, die er uns ohne Verdienste und Vorleistungen schenkt, wirklich etwas anderes tun, als dieser Liebe in unserem Herzen Raum zu geben und an andere Menschen weiterzuschenken? Duns Scotus, Franziskaner-Theologe aus dem Mittelalter, hat es so ausgedrückt: Deus vult condiligentes – Gott will, dass wir mit ihm lieben. Doch immer hat Gottes Liebe den Primat vor unserem menschlichen Handeln. Dies war auch die Erfahrung von Martin Luther King. Er, der im Einsatz für seine unterdrückten und geknechteten Schwestern und Brüder bis zum Letzten gegangen ist, hat einmal geschrieben: »Wenn wir uns nicht auf Gott verlassen, scheitern alle unsere Bemühungen. Aber wenn sein Geist unser Leben verwandelt, finden wir Lösungen für unsere Schwierigkeiten.«

Noch einmal mit Paulus gesprochen: »Durch Gottes Gnade bin ich, was ich bin, und sein gnädiges Handeln an mir ist nicht ohne Wirkung geblieben« (1 Kor 15,10).

Die Beispielerzählung vom reichen Mann und dem armen Lazarus Lk 16,19–31

Mehr als die anderen Evangelisten ist Lukas den Jesusworten über Reichtum und Armut nachgegangen. In der Beispielerzählung aus dem 16. Kapitel des Lukasevangeliums hören wir von einem Mann, der mit seinem ganzen Sinnen und Trachten nur auf Wohlleben aus war. Es heißt von ihm, dass er sich in Purpur und feines Leinen kleidete und Tag für Tag in Saus und Braus lebte. Dem armen aussätzigen Mann vor der Tür dagegen schenkte er keine Beachtung. Und nach seinem Tod sah er in der Unterwelt qualvoll auf sein verfehltes Leben zurück. Da wir von keinem Menschen wissen, ob er ewig verloren geht, können wir nicht ausschließen, dass ihm seine Qual zur Läuterung gedient hat. Lazarus, der in seinem Leben nur Armut und Krankheit erlitten hat, wird von den Engeln in Abrahams Schoß getragen. Abraham, Stammvater des Volkes Israel, steht in dieser Bildrede für den, der ganz auf Gott gesetzt hat, der bereit war, seinen gesicherten Wohnort in Ur in Chaldäa hinter sich zu lassen.

Jesus wollte in dieser Beispielerzählung nicht einem in seiner Zeit sehr verbreiteten Vergeltungsdenken oder Lohndenken das Wort reden, wonach irdischer Reichtum zu Strafe und Qual im Jenseits führt, Armut auf Erden dagegen zu reichem Lohn im Paradies. Es ging ihm in dieser Beispielrede auch nicht darum, zum Problem »reich und arm« Stellung zu nehmen. Und Jesus wollte auch keinen Aufschluss geben über das Leben im Jenseits. Er erzählt dieses Beispiel in der Absicht, Menschen, die den

Brüdern des reichen Mannes gleichen, zu warnen, nämlich ihren Reichtum nicht für alles in der Welt zu halten, den Armen keinerlei Beachtung zu schenken und den Blick zu verschließen für den, der sie reicher machen kann, als es alle Güter dieser Welt vermögen.
Lazarus, dessen Name »Gott hilft« (Eleazar) bedeutet, hat daran geglaubt, dass Gott ihn in seiner Armut nicht im Stich lässt. Menschliche Hilfe hat er nicht erfahren. Dass sie ihm, wie allen Armen und Kranken, zuteil werden müsste, hat Jesus in seinem Gerichtsgleichnis gezeigt, wo er von den Geringsten seiner Brüder und Schwestern spricht, denen es beizustehen gilt (Mt 25). Wenn es dennoch so ist, dass die Armen, wie hier der arme Lazarus, nicht aus ihrer elenden Situation herauskommen, dann haben sie größere Chancen, zu Gott zu finden als diejenigen, die schon alles zu haben meinen und darüber hinaus nach nichts mehr Verlangen spüren.
Der Reiche und der Arme sind in unserer Beispielerzählung Kontrastfiguren. Können wir uns in ihnen wiederfinden? In dem reichen Prasser, der in seinem Reichtum völlig aufgeht, sicher nicht. Und in Lazarus, insofern er ein total armer Mensch war, zudem mit Aussatz behaftet, auch nicht. Dennoch kann uns Lazarus, der sich in seiner Armut völlig auf Gott angewiesen wusste, darauf hinweisen, dass wir vor Gott alle arm sind. Uns gilt das Wort Jesu: »Selig, die ihr arm seid vor Gott!« Glücklich seid ihr zu preisen, wenn ihr das Herz eines Armen habt.
Die sozial Armen haben wenig oder kaum etwas und sind völlig darauf angewiesen, dass ihnen geholfen wird. Wir hingegen, die etwas besitzen, müssen uns vor der Versuchung hüten, uns zu sehr an die Dinge dieser Welt zu hängen. Die irdischen Güter sind nicht wertlos, doch im

Blick auf Gott haben sie einen relativen Wert. Mary Ward hat einmal gesagt: »Begnüge dich mit nichts, was weniger ist als Gott.« Armsein vor Gott betrifft auch das, was wir an geistigen Fähigkeiten besitzen. Wir können sie nicht auf unser Konto buchen. Dass wir uns gerade auch in geistiger und spiritueller Hinsicht allein Gott, dem Geber alles Guten, verdankt wissen, hat Teresa von Avila in ihrer Gartenparabel eine erzählerische Gestalt gegeben.
Sie beschreibt vier Stufen des geistlichen Lebens: »Erstens kann man das Wasser in einem Gefäß selber aus dem Brunnen emporziehen, was eine große Mühe ist. Zweitens kann man sich eines Schöpfrades bedienen, wie ich es manchmal tat. Das ist schon weniger anstrengend, und man hat mehr Wasser. Drittens kann man es aus einem Fluss oder Bach ableiten. Das ist sehr viel wirkungsvoller; denn die Erde wird besser durchtränkt, und man muss nicht so häufig bewässern, so dass dem Gärtner viel Arbeit abgenommen ist. Viertens, wir müssen überhaupt nichts mehr tun, weil der Herr es kräftig regnen lässt. Und das ist unvergleichlich viel besser als alles vorher genannte.«
Ein Gleichnis. Teresa von Avila hat wahrhaftig nicht ihre Hände in den Schoss gelegt. Bis zur Erschöpfung ist sie auf Ochsenkarren durch Spanien gefahren, um ihre Klöster zu reformieren. Doch sie war fest davon überzeugt, dass sie alles, was sie zustande brachte, allein Gott verdankt. Er gibt das Wachsen und das Gedeihen. So meint sie das, wenn sie sagt, dass wir überhaupt nichts mehr zu tun brauchen. Die andere Teresia, Thérèse von Lisieux, fühlte sich vor Gott als ein Mensch mit leeren Händen. »Am Abend meines Lebens«, so hat sie einmal gebetet, »werde ich mit leeren Händen vor dir erscheinen; denn

ich bitte: Zähle meine guten Werke nicht, Herr! All unsere Gerechtigkeit ist voller Fehler in deinen Augen. Ich will mich also mit deiner Gerechtigkeit bekleiden und mit deiner Liebe dich selbst empfangen.«

Noch einmal den Blick zurück auf Lazarus. Ja, wir dürfen uns in ihm wiederfinden. Er hat bei all dem, was ihm widerfahren war, Stütze und Halt in Gott gefunden, hat sich ihm ganz anheimgegeben. Lazarus gehörte zu den Armen, die Jesus selig preist und denen er das Reich Gottes verheißt. Was sein Name bedeutet – »Gott hilft« – ist in ihm wahr geworden. Im Vertrauen auf einen Gott, der ihn in seinem Elend nicht verlassen hat. Und so wurde ihm unvergänglicher Reichtum zuteil. In der Armut unseres Herzens wissen auch wir uns ganz auf Gott angewiesen, sind von ihm reich beschenkt.

Zwei Gleichnisse über das Beten Lk 11,5–8 und 18,1–8

Das Gleichnis vom bittenden Freund (Lk 11,5–8) und die Parabel von dem Richter und der Witwe (Lk 18,1–8) stimmen in ihrem Grundgedanken überein. Sie sprechen von der Macht des Bittgebetes. In beiden werden alltägliche, nicht gerade erbauliche, teils anstößige Begebenheiten auf eine religiöse Ebene übertragen. Sie wollen uns vor Augen führen, wie Gott auf inständige Bitten der Menschen antwortet. Beide gehören zum Sondergut des Lukasevangeliums.

Das Gleichnis vom bittenden Freund

Den Jüngern war aufgefallen, dass Jesus sich öfter an einen einsamen Ort zurückzog, um zu beten. Sie selber wussten nicht, wie sie in rechter Weise beten sollten. So wandte sich einer seiner Jünger an Jesus mit der Bitte: »Herr, lehre uns beten, wie schon Johannes seine Jünger beten gelehrt hat.« Und Jesus sagte ihnen, wie sie beten sollen. »Wenn ihr betet, so sprecht: Vater, dein Name werde geheiligt. Dein Reich komme. Gib uns täglich das Brot, das wir brauchen. Und erlass uns unsere Sünden; denn auch wir erlassen jedem, was er uns schuldig ist. Und führe uns nicht in Versuchung« (Lk 11,1–4).

Jesus ermutigt uns, vertrauensvoll zu Gott zu beten, weil er uns wie ein Vater, wie eine Mutter in Liebe zugetan ist. Dass wir uns ganz auf seine Güte verlassen können, veranschaulicht er dann in einer Gleichnisrede. Sie folgt unmittelbar auf die Vaterunser-Bitten. »Dann sagte er zu ihnen: Wenn einer von euch einen Freund hat und um Mitternacht zu ihm geht und sagt: Freund, leih mir drei Brote; denn einer meiner Freunde, der auf Reisen ist, ist zu mir gekommen, und ich habe ihm nichts anzubieten, wird dann etwa der Mann drinnen antworten: Lass mich in Ruhe, die Tür ist schon verschlossen und meine Kinder schlafen bei mir; ich kann nicht aufstehen und dir etwas geben? Ich sage euch: Wenn er schon nicht deswegen aufsteht und ihm seine Bitte erfüllt, weil er sein Freund ist, so wird er doch wegen seiner Zudringlichkeit aufstehen und ihm geben, was er braucht« (Lk 11,5–8).

Damit will Jesus gleichnishaft ausdrücken, dass Gott meine Zudringlichkeit zulässt. Dass er darauf wartet, durch unsere Bitten bedrängt zu werden. Das Gleichnis sagt uns: Du darfst Gott mit der Kühnheit eines Freundes bitten. Im Anschluss an diese Gleichnisrede hören wir: »Bittet, dann wird euch gegeben; sucht, dann werdet ihr finden; klopft an, dann wird euch geöffnet. Denn wer bittet, der empfängt; wer sucht, der findet; und wer anklopft, dem wird geöffnet. Oder ist unter euch ein Vater, der seinem Sohn eine Schlange gibt, wenn er um einen Fisch bittet, oder einen Skorpion, wenn er um ein Ei bittet?« (Lk 11,9–12).

Damit soll gesagt werden: Gott ist unvergleichlich mehr zum Helfen bereit als wir Menschen. Wenn schon wir Menschen hilfsbereit sind – sei es aus Freundschaft oder um einen lästigen Bittsteller loszuwerden –, dann wird schon gar nicht Gott sein Ohr vor uns verschließen und uns abweisen. Denn er ist mehr Freund, als wir einander Freunde sein können. Er ist mehr, unendlich mehr Vater, mehr Mutter als eine irdische Mutter, als ein irdischer Vater, die ihren Kindern gut sind. Die ihnen keine Schlange statt eines Fisches geben, keinen Skorpion statt eines Eies. »Wenn nun schon ihr, die ihr böse seid, euren Kindern gebt, was gut ist, wie viel mehr wird der Vater im Himmel den Heiligen Geist denen geben, die ihn bitten« (Lk 11,13).

Jesus sagt, um was wir bitten sollen: um den Heiligen Geist. Gemeint ist der in uns wirkende Gottesgeist. Er lässt uns auch da zuversichtlich sein und an die Liebe Gottes glauben, wo Menschen keinen Weg mehr sehen. In ihm finden sie die Kraft, Leid anzunehmen, ohne daran zu zerbrechen. Gerade Menschen in extremen Lebenslagen können erfahren, dass sie auf mehr angewiesen sind als auf nur irdisches Wohlergehen. Dabei denke ich an Menschen, die unter Kriegen und Terror leiden, die in diktatorischen Systemen leben, die verfolgt und geknechtet werden, die ihrer Freiheit beraubt sind. Ich denke an unheilbar Kranke, an seelisch leidende Menschen. Ich denke an Menschen, die dem Leben keinen Sinn mehr abgewinnen können. Auch an solche, denen der Glaube an Gottes Güte angesichts des Leids in der Welt geschwunden ist.

Im Matthäusevangelium wird vom Guten gesprochen, das der Vater im Himmel bittenden Menschen schenkt (Mt 7,11). Was das Gute – mit Ei und Fisch bildlich umschrieben – im Einzelnen bedeutet, wird nicht gesagt. In jedem Falle ist es etwas Gutes. Wer Gott so sehen darf, wer daran glauben darf, dass er in einem alle menschliche Güte überschreitenden Maße gut ist, den wird die Schlussfolgerung, die Jesus zieht, nicht mehr überraschen: »Bittet, dann wird euch gegeben; sucht, dann werdet ihr finden; klopft an, dann wird euch geöffnet.« So können wir in unserem Beten das Vertrauen bekunden in einen Gott, der meine Bitten hört. Und der weiß, was mir zum Guten gereicht, über meine Wünsche hinaus.

Da gibt es die kleine Geschichte vom »weisen Hund«, eine Fabel von Kahlil Gibran (Der Narr, S. 14). »Ein weiser Hund begegnete einst einem Rudel Katzen. Als er näher kam und sie sehr beschäftigt fand und sie seiner nicht achteten, hielt er an. Inmitten der Katzenschar erhob sich ein großer, gewichtiger Kater. Er blickte in die Runde und sagte: ›Betet, Brüder! – und wenn ihr unermüdlich gebetet haben werdet, ohne in euren Herzen zu zweifeln, dann wird es wahrhaftig Mäuse regnen.‹ Als der Hund dies hörte, lachte er bei sich, und indem er wieder davonschlich, sagte er: ›O ihr mit Blindheit geschlagenen Katzen! Steht denn nicht geschrieben, und weiß es nicht jedes Kind seit Urväter Zeiten, dass es zum Lohn für demütiges Beten nicht Mäuse, sondern Knochen regnet?‹« Mäuse und Knochen! Ein Katzenherz wünscht sich nichts mehr als Mäuse. Und ein Hundegehirn nichts mehr als Knochen.

Wir Menschen sind sicher nicht so festgelegt. Doch bleiben wir offen genug für das, was Gott uns, über unsere Erwartungen hinaus, schenken will? Greifen unsere Gebete und Wünsche nicht manchmal zu kurz? Mir jedenfalls fällt es nicht leicht, gelassen abzuwarten, wie alles ausgehen wird. Manchmal meine ich ganz genau zu wissen, wie Gott mir zu Hilfe kommen muss. Wenn in schweren Lebenssituationen Gottes Hilfe scheinbar ausbleibt, dann kann dies für Menschen zur Glaubensprobe werden, zum Zweifel an Gottes Liebe oder gar an seiner Existenz.

»Bittet, dann wird euch gegeben!« Derjenige, der diese Verheißung ausgesprochen hat, Jesus von Nazaret, hat sie mit seinem eigenen Leben auf eine für ihn schreckliche Weise wahr gemacht. Er musste an seinem eigenen Leib, mit seinem Leben und Tod, die menschlich gesehen widersinnigste Gebetserhörung erfahren, die es je gegeben hat. Von Jesus heißt es im Hebräerbrief: »Als er auf Erden lebte, hat er mit lautem Schreien und unter Tränen Gebete und Bitten vor den gebracht, der ihn aus dem Tod retten konnte, und er ist erhört und aus seiner Angst befreit worden« (Hebr 5,7). Wie ist Jesus erhört worden? Wie ist er aus seiner Angst befreit worden? Indem er sich Gott überließ und sein Leben für die Menschen hingab. »Vater, in deine Hände lege ich meinen Geist« (Lk 23,46). Zuvor hatte er darum gebetet, die Stunde, die er auf sich zukommen sah, möge an ihm vorübergehen, der Kelch von ihm genommen werden (Mk 14,35f.). Die Angst hatte ihm den Schweiß aus den Poren getrieben wie Blutstropfen (Lk 22,44). Als Mensch hat selbst Jesus nicht mehr durchgeschaut. Am Kreuz überfiel ihn eine abgrundtiefe Verlassenheit. »Mein Gott, mein Gott, warum hast du mich verlassen?« (Mk 15,34). Und dennoch gab er sich seinem Vater anheim: »Nicht, was ich will, sondern was du willst, soll geschehen« (Mk 14,36).

Dass es Rettung gibt, Leben gibt, durch Bedrängnis und Leid und Tod hindurch, dies erhoffen zu können, war die Gebetserhörung Jesu. Darum glaube ich seiner Verheißung: »Bittet, dann wird euch gegeben.« Ein solches Grundvertrauen in Gottes Liebe vermag ich mir nicht selber zu geben. Gott wird es mir schenken, wenn ich ihn darum bitte. Aus diesem fast blinden Gottvertrauen konnte Thérèse von Lisieux beten: »Wenn du mich nicht erhörst, werde ich dich noch mehr lieben.«

Die Parabel vom Richter und der Witwe

Die Geschichte vom Richter und der Witwe ist eine Parabel. In ihr wird, kennzeichnend für diese literarische Form, eine Geschichte mit überraschenden Elementen erzählt, die dann einen unerwarteten Ausgang nimmt.
»Jesus sagte ihnen durch ein Gleichnis, dass sie allezeit beten und darin nicht nachlassen sollten: In einer Stadt lebte ein Richter, der Gott nicht fürchtete und auf keinen Menschen Rücksicht nahm. In der gleichen Stadt lebte auch eine Witwe, die immer wieder zu ihm kam und sagte: Verschaff mir Recht gegen meinen Feind! Lange wollte er nichts davon wissen. Dann aber sagte er sich: Ich fürchte zwar Gott nicht und nehme auch auf keinen Menschen Rücksicht; trotzdem will ich dieser Witwe zu ihrem Recht verhelfen, denn sie lässt mich nicht in Ruhe. Sonst kommt sie am Ende noch und schlägt mich ins Gesicht. Und der Herr fügte hinzu: Bedenkt, was der ungerechte Richter sagt. Sollte Gott seinen Auserwählten, die Tag und Nacht zu ihm schreien, nicht zu ihrem Recht verhelfen, sondern zögern? Ich sage euch: Er wird ihnen unverzüglich ihr Recht verschaffen. Wird jedoch der Menschensohn, wenn er kommt, auf der Erde (noch) Glauben vorfinden?« (Lk 18,1–8).
Was die textliche Gestalt der Parabel angeht, darf man annehmen, dass der einleitende Satz: »Jesus sagte ihnen durch ein Gleichnis, dass sie allezeit beten und darin nicht nachlassen sollten«, vom Evangelisten der Parabel voran-

gestellt worden ist. Darin kommt zum Ausdruck, dass wir im Beten nicht müde und mutlos werden sollen, auch wenn wir nicht gleich oder so, wie wir es uns vorgestellt haben, erhört werden. Dieses Wort Jesu kann nicht die Prämisse der Parabel sein. Denn es drückt etwas anderes aus als das, was wir in Vers 7 lesen, wo der Herr fragt: »Sollte Gott seinen Auserwählten, die Tag und Nacht zu ihm schreien, nicht zu ihrem Recht verhelfen, sondern zögern (zu helfen)? Ich sage euch: Er wird ihnen unverzüglich ihr Recht verschaffen.« Gott erhört uns, ohne zu zögern. Unverzüglich. In Bälde wird er denen zu ihrem Recht verhelfen, die Tag und Nacht zu ihm schreien. Das ist die Grundaussage dieser Parabel.

Vieles spricht dafür, dass auch der letzte Satz (V. 8b) kein ursprünglicher Bestandteil der Parabel war. Dort heißt es: »Wird jedoch der Menschensohn, wenn er kommt, auf der Erde (noch) Glauben vorfinden?« Josef Schmid, Altmeister der katholischen Exegese, schreibt dazu: »Er (V. 8b) nimmt mit keinem Wort auf die Geschichte vom Richter und der Witwe Bezug. Im Stimmungsgehalt sticht er stark von der Zuversicht ab, welche V 7–8a atmen, und an die Stelle Gottes tritt hier plötzlich der Menschensohn« (Markuskommentar im »Regensburger Neues Testament«, S. 280). Man kann diesen letzten der Parabel hinzugefügten Satz auf Erfahrungen in den ersten Gemeinden beziehen, in denen es offenbar Christen gab, die nicht mehr so recht daran glaubten, dass Jesus mit seinem Geist helfend gegenwärtig sein wird, wenn seine Jüngerinnen und Jünger in Bedrängnis geraten.

Der Richter, wie er in der Parabel charakterisiert wird, ist keineswegs eine Ausnahmeerscheinung, sondern der Typ eines Richters im alttestamentlichen, im orientalischen

Umfeld. Dort galten Richter durchweg als skrupellos und bestechlich. Bei ihnen hatten die Armen, die Witwen und Waisen, die sozial Unterprivilegierten kaum eine Chance. Viele Stellen des Alten Testamentes belegen das. So heißt es beispielsweise beim Propheten Amos: »Bei Gericht hassen sie den, der zur Gerechtigkeit mahnt, und wer Wahres redet, den verabscheuen sie. … Ihr bringt den Unschuldigen in Not, ihr lasst euch bestechen und weist den Armen ab bei Gericht« (Amos 5,10.12).

Vor einem solchen selbstherrlichen und menschenverachtenden Richter will nun eine hilflose Witwe ihr Recht geltend machen, gegen ihren Feind, wie sie sagt, Recht verschafft bekommen. Ihr war in irgendeiner Weise Unrecht angetan worden. Vielleicht handelte es sich um eine Geldsache oder ein ihr vorenthaltenes Erbteil. Der alleinstehenden Frau stand niemand zur Seite. Was sie einzusetzen hatte, um Gerechtigkeit zu erlangen, war ihre Beharrlichkeit, mit der sie immer wieder mit ihrer Bitte zu dem Richter kam und sich dabei sicher war, ihr Ziel zu erreichen. So wurde sie dem Richter langsam lästig. Dieser fürchtete sogar, dass sie ihm auf den Leib rücken und handgreiflich werden würde. Obwohl er weder Gott fürchtete noch auf einen Menschen Rücksicht nahm, gab er schließlich nach. Wie aus seinem Selbstgespräch hervorgeht, tat er dies nicht aus gesundem Rechtsempfinden oder weil ihn etwa sein Verhalten reute. Nein, er handelte aus unlauteren Motiven, aus purem Egoismus.

Nachdem dies alles geschildert ist, gibt es in der Parabel einen neuen Ansatz. Es handelt sich um einen so genannten Analogieschluss, wobei a minore ad maius, vom Geringeren auf das Größere hin geschlossen wird, von der sich im Profanen abspielenden Begebenheit auf das hin, was im Kontext des Glaubens mit dieser Geschichte ausgesagt sein will. Es ist die Übertragung von der Bildhälfte auf die Sachhälfte. »Und der Herr fügte hinzu: Bedenkt, was der ungerechte Richter sagt. Sollte Gott seinen Auserwählten, die Tag und Nacht zu ihm schreien, nicht zu ihrem Recht verhelfen, sondern zögern? Ich sage euch: Er wird ihnen unverzüglich ihr Recht verschaffen.« Hier erkennen wir den Grundgedanken der Parabel. In diesem Herrenwort wird dann auch deutlich, dass nicht die unentwegt bittende Witwe die Hauptgestalt der Geschichte ist, sondern der Richter. Die Parabel sagt uns nicht, wie wir uns bei unserem Beten Gott gegenüber verhalten sollen, sondern wendet den Blick auf Gott, der unseren Bitten Gehör schenkt. Wenn schon dieser unmenschliche, skrupellose Richter schließlich widerwillig auf die Bitten der Frau eingeht, um wie viel mehr wird dann der gütige, menschenfreundliche Gott unsere Bitten erfüllen. Das ist der »springende Punkt«, die Quintessenz der Parabel. Der herzlose Richter, alles andere als nachahmenswert, wird dargestellt als Kontrastfigur zu Gott, der ein Herz für die Menschen hat. Während der bestechliche und ungerechte Richter erst nach langem Drängen der Frau Gerechtigkeit gewährt, erweist sich Gott als unbestechlich und gerecht. Vor allem denjenigen gegenüber, die kaum Hilfe von Menschen zu erwarten haben.

Schon im Alten Testament erscheint Gott als Anwalt der Armen. »Versuche nicht, ihn (Gott) zu bestechen, denn er nimmt nichts an; vertrau nicht auf Opfergaben, die durch Unterdrückung erworben sind. Er ist ja der Gott des Rechts, bei ihm gibt es keine Begünstigung. Er ist nicht parteiisch gegen den Armen, das Flehen des Bedrängten hört er. Er missachtet nicht das Schreien der Waise und der Witwe, die viel zu klagen hat. Rinnt nicht die Träne über die Wange und klagt nicht Seufzen gegen den, der sie verursacht? Die Nöte des Unterdrückten nehmen ein Ende, das Schreien des Elenden verstummt. Das Flehen des Armen dringt durch die Wolken, es ruht nicht, bis es am Ziel ist. Es weicht nicht, bis Gott eingreift und Recht schafft als gerechter Richter. ... Köstlich ist das Erbarmen des Herrn in der Zeit der Not, wie die Regenwolke in der Zeit der Dürre« (Jesus Sirach 35,14–22. 26).

Wenn auch uns, die wir nie in die Lage der armen, hilflosen Witwe kommen, aber in Not und Bedrängnis geraten können, das Wort Jesu gilt, Gott werde uns unverzüglich, ohne zu zögern, zu Hilfe kommen, dann könnten wir uns fragen, warum unser Beten, unser Bittgebet dann noch nötig ist. Gott kennt ja unsere Nöte, und er weiß, was uns nottut. Er sagt nicht: Betet, sonst kann ich euch nicht helfen. Gott braucht nicht unsere Gebete. Aber wir brauchen sie. Weil in unserem Beten zum Ausdruck kommen soll, dass wir in dem, was uns bedrängt oder niederdrückt, auf Gott angewiesen sind. Not-wendig, im wahrsten Sinne des Wortes, ist das Bittgebet vor allem deswegen, weil sich in ihm unser Vertrauen kundtut in Gott, den Geber alles Guten. In den, der das menschlich gesehen Unmögliche möglich macht. So können wir uns auf unsere Weise, in unserer Situation, im Gleichnis vom bittenden Freund und in der Parabel von der hilflosen Witwe wiederfinden.

Die Parabel vom unbarmherzigen Diener Mt 18,23–35

»Mit dem Himmelreich ist es deshalb wie mit einem König, der beschloss, von seinen Dienern Rechenschaft zu verlangen. Als er nun mit der Abrechnung begann, brachte man einen zu ihm, der ihm zehntausend Talente schuldig war. Weil er aber das Geld nicht zurückzahlen konnte, befahl der Herr, ihn mit Frau und Kindern und allem, was er besaß, zu verkaufen und so die Schuld zu begleichen. Da fiel der Diener vor ihm auf die Knie und bat: Hab Geduld mit mir! Ich werde dir alles zurückzahlen. Der Herr hatte Mitleid mit dem Diener, ließ ihn gehen und schenkte ihm die Schuld. Als nun der Diener hinausging, traf er einen anderen Diener seines Herrn, der ihm hundert Denare schuldig war. Er packte ihn, würgte ihn und rief: Bezahl, was du mir schuldig bist! Da fiel der andere vor ihm nieder und flehte: Hab Geduld mit mir! Ich werde es dir zurückzahlen. Er aber wollte nicht, sondern ging weg und ließ ihn ins Gefängnis werfen, bis er die Schuld bezahlt habe. Als die übrigen Diener das sahen, waren sie sehr betrübt; sie gingen zu ihrem Herrn und berichteten ihm alles, was geschehen war. Da ließ ihn sein Herr rufen und sagte zu ihm: Du elender Diener! Deine ganze Schuld habe ich dir erlassen, weil du mich so angefleht hast. Hättest nicht auch du mit jenem, der gemeinsam mit dir in meinem Dienst steht, Erbarmen haben müssen, so wie ich mit dir Erbarmen hatte? Und in seinem Zorn übergab ihn der Herr den Folterknechten, bis er die ganze Schuld bezahlt habe. Ebenso wird mein himmlischer Vater jeden von euch behandeln, der seinem Bruder nicht von ganzem Herzen vergibt.«

Die Parabel bildet den Abschluss des 18. Kapitels des ersten Evangeliums. Es wurde von Matthäus als eine Art Gemeindeordnung konzipiert und setzt sich zusammen aus einer Reihe lose miteinander verbundener Einzelstücke. Sie stehen unter dem Leitgedanken, die Gemeindemitglieder zu einem rechten Umgang miteinander anzuleiten. Themen sind der Rangstreit der Jünger (1–5) und die Warnung vor Ärgernis (6–11). Dann folgt das Gleichnis vom verirrten Schaf (12–14). Die Rede ist weiter von der brüderlichen Zurechtweisung (15–18), vom gemeinsamen Beten (19f.) und der Vergebungsbereitschaft (21f.). Abgeschlossen wird das Kapitel mit der Parabel vom unbarmherzigen Diener (23–35).

Wieder handelt es sich um eine Parabel, in der ein ungewöhnlicher Vorgang geschildert wird. Wem diese Parabel nicht bekannt ist, der rechnet nicht damit, dass einem über die Maßen verschuldeten Mann alle Schuld erlassen wird und er nicht einmal Rechenschaft ablegen muss über das veruntreute Geld. Die Geschichte ist zweiteilig strukturiert. Im ersten Teil erzählt sie von einem gewährten, im zweiten von einem verweigerten Schuldenerlass. Aufeinander bezogen sind die beiden Teile durch einen Mann, der vom Schuldner zum Gläubiger geworden war. Der Kontext, in dem die Parabel ursprünglich gestanden hat, ist nicht genau auszumachen. Matthäus jedenfalls hat sie als Beispielsgeschichte überliefert, die zur Vergebungsbereitschaft auffordern soll, gerichtet an die Menschen in den frühchristlichen Gemeinden. Auf diese Weise nahm sie die Gestalt einer Mahnrede an, wurde zur Paränese. Es ist kennzeichnend für Matthäus, dass er auch Parabeln, die bei Lukas als reine Erzählungen überliefert sind, wie Gleichnisse einleitet: »Mit dem Himmelreich ist es deshalb wie …« Auf diese Weise stellt er schon zu Anfang den Bezug her von der profanen zur religiösen Wirklichkeit, zum Reich Gottes mit seiner neuen Wertordnung. Die Eingangsformel könnte auch lauten: »Mit der Ordnung des Reiches Gottes verhält es sich wie …«

Die Parabel schließt an einen Text an, in dem Jesus von Petrus gefragt wird: »Wie oft muss ich meinem Bruder vergeben, wenn er sich gegen mich versündigt?« Jesus hat darauf geantwortet: »Siebenundsiebzigmal«, was in rhetorischer Überspitzung ausdrücken soll: immer wieder! In der Parabel selbst geht es nicht um die Frage, wie oft man vergeben soll, sie will vielmehr die Pflicht des Vergebens überhaupt veranschaulichen. Der Zusammenhang zwischen der Petrusfrage und der Parabel ist daher nicht ursprünglich. In dem am Anfang der Parabel stehenden Satz: »Mit dem Himmelreich ist es deshalb wie …« muss man das »deshalb« lediglich als eine geläufige Übergangspartikel sehen.

Vergegenwärtigen wir uns zunächst, wie die Geschichte abläuft. Erzählt wird von einem Herrn, am Anfang als König eingeführt, der von seinen Dienern über die Verwaltung der Gelder Rechenschaft verlangte. Das Umfeld ist ein orientalischer Hof, wo die Diener – höhere Hofbeamte – völlig dem Herrscher ausgeliefert waren. Einer von ihnen, möglicherweise der Verwalter einer Provinz, schuldete seinem Herrn, aus welchen Gründen auch immer, eine enorme Summe: zehntausend Talente. Hier wird bewusst ein die realen Verhältnisse übersteigender Schuldenanteil genannt. Damit soll zum einen deutlich gemacht werden, wie unvorstellbar groß die Schuldenlast des Dieners seinem Herrn gegenüber war. Zum anderen wird in dieser hohen Summe gerade der Kontrast deutlich zu der verschwindend kleinen Summe, deretwegen derselbe Diener einen anderen, der ihm nur wenig schuldete, zur Rechenschaft zog. Da diese Summe unmöglich erwirtschaftet werden konnte, griff der Herr zu einer drastischen Maßnahme, die ihm das damals in Palästina geltende hellenistische Strafrecht erlaubte. Der Schuldner wurde dazu verurteilt, sich selbst, Frau und Kinder und sein ganzes Hab und Gut zu verkaufen. Das alttestamentliche Recht kennt wohl die Versklavung des Schuldners, aber nicht die der ganzen Familie (vgl. Ex 22,2). Ehe es zur Ausführung dieser Sippenexekution kommt, bittet der zahlungsunfähige Diener um Gnade. Er verspricht aus der Not geboren etwas, was er nie und nimmer wird einlösen können, nämlich alles zurückzuzahlen. Der Herr hätte ihm nun eine Frist setzen können, aber er hatte, so heißt es, Mitleid mit ihm. Mitleid ist ein Wort, das im Alten und Neuen Testament Gottes Erbarmen, seine Huld und Herablassung umschreibt. Er schenkt dem Diener sofort die gesamte Schuld und belässt ihn in seinem Amt. Das Recht wird hier durch einen Akt reiner Gnade außer Kraft gesetzt.

Nun wäre zu erwarten gewesen, dass der, dem eine so ungeheure Schuld erlassen wurde, an einem anderen bei ihm in Schuld geratenen Diener genauso großmütig gehandelt hätte wie sein Herr, zumal er ihm nur die vergleichsweise lächerliche Summe von hundert Denaren schuldig war. Der Schuldner bat um Nachsicht. »Da fiel der andere vor ihm nieder und flehte: Hab Geduld mit mir! Ich werde es dir zurückzahlen.« Dies sind dieselben Worte, mit denen er selbst zuvor seinen Herrn um Erbarmen angefleht hatte. Doch im Unterschied zu seinem Herrn war er nicht bereit, Gnade vor Recht ergehen zu lassen. Stattdessen übte er brutale Gewalt aus, er ließ ihn ins Gefängnis werfen, bis er die Schuld abzahlen konnte. Aus einem Schuldner, dem eine Riesenschuld erlassen wurde, ist ein unnachsichtiger Gläubiger geworden. Der Kontrast zwischen dem barmherzigen Herrn und dem unbarmherzigen Diener hätte nicht größer sein können. Als einige der Diener das sahen, machte sie das traurig. Sie berichteten ihrem Herrn davon. Der ließ den skrupellosen Diener kommen und wies ihn zurecht: »Du elender Diener! Deine ganze Schuld habe ich dir erlassen, weil du mich so angefleht hast. Hättest nicht auch du mit jenem, der gemeinsam mit dir in meinem Dienst steht, Erbarmen haben müssen, so wie ich mit dir Erbarmen hatte?« In diesen Worten erschließt sich der Sinn der Parabel. Die bedingungslose Vergebungsbereitschaft des Herrn weist in bildhafter Weise hin auf die unfassbare, maßlose Güte Gottes selbst dem gegenüber, der schwere Schuld auf sich geladen hat.

Bezeichnenderweise beginnt Matthäus die Parabel mit der Eingangsformel: »Mit dem Himmelreich ist es deshalb wie ...« – Es ist dieses gütige Handeln Gottes gemeint, das wir für unser Verhalten als Maßstab nehmen sollen gegenüber denen, die an uns schuldig geworden sind. Das »Wie« darf nicht auf alle Einzelzüge der Parabel Anwendung finden. Gemeint ist das Geschehen insgesamt und der darin ausgesprochene Grundgedanke. Was der Herr beispielsweise dem schuldig gewordenen Diener an Schlimmem androht, gehört zur Bildseite der Parabel. Es betrifft den rein rechtlichen Bereich, der jedoch in der Handlungsweise des Herrn durch die alles Recht durchbrechende Güte überschritten wird. Man könnte sagen: Wenn solches schon in der irdischen Welt möglich ist, wo das Recht maßgebend ist, um wieviel mehr dann in der Wertordnung des Gottesreiches mit seinen ganz anderen Maßstäben. Dass der Herr im Zorn den unbarmherzigen Diener den Folterern übergab, bis er die ganze Schuld bezahlt habe, gehört mit Sicherheit nicht zum Grundbestand der Parabel. Die Folter wurde gemäß der damaligen Rechtspraxis dazu eingesetzt, Auskünfte über das veruntreute Geld zu erlangen. Eine solche unmenschliche Strafmaßnahme wird man nicht auf Gott übertragen dürfen, weil dies dem barmherzigen Handeln Gottes widersprechen würde. »Deine ganze Schuld habe ich dir erlassen, weil du mich so angefleht hast. Hättest nicht auch du mit jenem, der gemeinsam mit dir in meinem Dienst steht, Erbarmen haben müssen, so wie ich mit dir Erbarmen hatte?« Mit dieser Frage schließt die Gleichniserzählung. Die offene Frage ist eine Argumentationsfigur, wie sie in manchen Parabeln und Beispielserzählungen anzutreffen ist.

Auch diesmal, so haben wir es schon bei der Parabel von den Arbeitern im Weinberg gesehen, beendet Matthäus die bildhafte Erzählung mit einer moralischen Sentenz. »Ebenso wird mein himmlischer Vater jeden von euch behandeln, der seinem Bruder nicht von ganzem Herzen vergibt.« Damit wird die Parabel zu einer Art Gerichtspredigt. Es ist darin der mahnende Imperativ zu hören: *Respice finem* – Bedenke das Ende! Das klingt bedrohlich, weil das »ebenso« sich auf den vorhergehenden Satz bezieht: »Und in seinem Zorn übergab ihn der Herr den Folterknechten, bis er die ganze Schuld bezahlt habe.«

Dieses Bild passt nicht zu dem Gott, den Jesus verkündet und durch sein Leben bezeugt hat. Gott wird nicht die Unbarmherzigkeit, die Hartherzigkeit von Menschen mit Folterqualen, mit körperlicher Züchtigung heimzahlen. Er ist ein Gott des Erbarmens und der alle menschlichen Vorstellungen übersteigenden Liebe.

Die Matthäus zuzuschreibende Schlussfolgerung: »Ebenso wird mein himmlischer Vater jeden von euch behandeln, der seinem Bruder nicht von ganzem Herzen vergibt« wirft Fragen auf, die unsere Gottesbeziehung betreffen. Wie wird Gott an Menschen handeln, die nicht bereit sind, anderen ihre Schuld zu vergeben? Gewiss nicht so, wie der Herr in der Parabel mit dem verfuhr, der dem andern die Schuld nicht erlassen wollte. Gemeint ist, dass Gott uns nicht vergibt, solange wir nicht unseren Mitmenschen vergeben. Die Sätze, die Matthäus an die letzte Vaterunser-Bitte angefügt hat, sagen dasselbe aus: »Denn wenn ihr den Menschen ihre Verfehlungen vergebt, dann wird euer himmlischer Vater auch euch vergeben. Wenn ihr aber den Menschen nicht vergebt, dann wird euch euer Vater eure Verfehlungen auch nicht vergeben« (Mt 6,14f.). In der Bergpredigt hören wir das so: »Richtet nicht, damit ihr nicht gerichtet werdet! Denn wie ihr richtet, so werdet ihr gerichtet werden, und nach dem Maß, mit dem ihr messt und zuteilt, wird euch zugeteilt werden« (Mt 7,1f.). Lukas macht in der sog. Feldrede noch den Zusatz: »Verurteilt nicht, dann werdet auch ihr nicht verurteilt werden. Erlasst einander die Schuld, dann wird auch euch die Schuld erlassen werden« (Lk 6,37).

Zweifellos wird hier ein Zusammenhang hergestellt zwischen der Vergebung, die Gott uns schenkt, und der Vergebung, die wir unseren Mitmenschen zuteil werden lassen. Es kann sich jedoch nicht um ein Nacheinander handeln. Zuerst vergibt der Mensch und dann erst vergibt Gott. Die Zuordnung von menschlicher und göttlicher Vergebung ist mehr als ein Beziehungsgeschehen zu sehen, in dem Gott der Gebende ist und wir die Beschenkten. Im 1. Johannesbrief heißt es: »Nicht darin besteht die Liebe, dass wir Gott geliebt haben, sondern dass er uns geliebt hat (1 Joh 4,10). Und: »Wir wollen lieben, weil er uns zuerst geliebt hat« (1 Joh 4,19). Auf die Vergebung bezogen würde dies bedeuten, dass wir – all unserem Handeln voraus! – in die Vergebung schenkende Liebe Gottes hineingenommen sind. Wer aber dann nicht bereit ist, den Menschen Liebe, Vergebung zu schenken, der verschließt sich vor Gott, gibt seiner vergebenden Liebe keinen Raum in seinem Herzen. Wenn unser Herz verhärtet bleibt anderen gegenüber, dann kann Gott nicht vergeben, so sehr er es auch wollte. So gesehen macht Gott seine Vergebung abhängig von unserer Bereitschaft, andern zu vergeben.

Stellen wir uns den Verlauf in der Parabel einmal umgekehrt vor. Zuerst hätte der zweite Diener dem andern seine Schuld erlassen und daraufhin wäre sein Herr dazu bewegt worden, auch ihm seine Schuld zu erlassen. Doch es war genau umgekehrt. Denn zuallererst hat der Herr seinem Diener die immense Schuld erlassen. Daraufhin hätte der Diener genauso handeln sollen und dem andern die weit geringere Schuld erlassen müssen. Er verweigerte sich der Liebe, die ihm geschenkt wurde. Dies zeigt der Aufbau der Parabel, in der die beiden Teile der Parabel unterschiedlich gewichtet sind. Der zweite Teil beinhaltet die moralische Seite, ist als Imperativ gedacht.

Mach es nicht wie dieser herzlose Mensch! So müsste jeder sich fragen: Handle ich nicht manchmal ähnlich wie der, dem eine große Schuld erlassen wurde, der indessen hingeht und seinem Mitmenschen die kleine Schuld nicht erlässt? Dem ersten Teil der Parabel kommt das größere Gewicht zu. Im großmütigen Handeln des Herrn wird die vergebende Liebe Gottes veranschaulicht, ins Bild gebracht. Die Parabel will uns darum vor allem sagen: Gott kann in seiner alles Begreifen übersteigenden Güte unsere Herzen verwandeln. Wir können vergeben, weil er uns vergibt. Wir können barmherzig sein, weil Gott barmherzig ist.

»Seid barmherzig, wie es auch euer Vater ist« (Lk 6,36), dieses Wort aus dem Lukasevangelium lässt noch einmal erkennen, was die Parabel uns sagen will: Handelt so, wie Gott an euch handelt – gleichnishaft dargestellt im Erbarmen des Herrn gegenüber seinem Diener. Nehmt Maß an Gottes Erbarmen! Diesem hohen Maßstab vermögen wir nur Schritt für Schritt und niemals in vollkommener Weise zu entsprechen. Doch wenn wir Gott an uns wirken lassen, dann wird unsere Bereitschaft, andern zu vergeben, mehr und mehr die Züge von Gottes Güte annehmen. Lassen wir uns die Augen des Herzens öffnen für seine Liebe, die gerade in der Vergebung keine Grenzen kennt.

Die Beispielerzählung vom barmherzigen Samariter Lk 10,25–37

»Da stand ein Gesetzeslehrer auf, und um Jesus auf die Probe zu stellen, fragte er ihn: Meister, was muss ich tun, um das ewige Leben zu gewinnen? Jesus sagte zu ihm: Was steht im Gesetz? Was liest du dort? Er antwortete: Du sollst den Herrn, deinen Gott, lieben mit ganzem Herzen und ganzer Seele, mit all deiner Kraft und all deinen Gedanken, und: Deinen Nächsten sollst du lieben wie dich selbst. Jesus sagte zu ihm: Du hast richtig geantwortet. Handle danach und du wirst leben. Der Gesetzeslehrer wollte sich rechtfertigen und sagte zu Jesus: Und wer ist mein Nächster? Darauf antwortete ihm Jesus: Ein Mann ging von Jerusalem nach Jericho hinab und wurde von Räubern überfallen. Sie plünderten ihn aus und schlugen ihn nieder; dann gingen sie weg und ließen ihn halb tot liegen. Zufällig kam ein Priester denselben Weg herab; er sah ihn und ging weiter. Auch ein Levit kam zu der Stelle; er sah ihn und ging weiter. Dann kam ein Mann aus Samarien, der auf der Reise war. Als er ihn sah, hatte er Mitleid, ging zu ihm hin, goss Öl und Wein auf seine Wunden und verband sie. Dann hob er ihn auf sein Reittier, brachte ihn zu einer Herberge und sorgte für ihn. Am andern Morgen holte er zwei Denare hervor, gab sie dem Wirt und sagte: Sorge für ihn, und wenn du mehr für ihn brauchst, werde ich es dir bezahlen, wenn ich wiederkomme. Was meinst du: Wer von diesen dreien hat sich als der Nächste dessen erwiesen, der von den Räubern überfallen wurde? Der Gesetzeslehrer antwortete: Der, der barmherzig an ihm gehandelt hat. Da sagte Jesus zu ihm: Dann geh und handle genauso!«

Die Beispielerzählung vom barmherzigen Samariter wird eingeleitet durch ein Gespräch zwischen Jesus und einem Gesetzeslehrer. Dieser wollte Jesus auf die Probe stellen. Auf seine Frage, was er tun müsse, um das ewige Leben zu erlangen, weist ihn Jesus auf die Worte hin, die ein gläubiger Jude dreimal am Tag spricht und die man das Credo Israels nennen kann (vgl. Dtn 6,6 und Lev 19,18). Und so antwortet ihm dann auch der Gesetzeslehrer: »Du sollst den Herrn, deinen Gott, lieben mit ganzem Herzen und ganzer Seele, mit all deiner Kraft und all deinen Gedanken, und: Deinen Nächsten sollst du lieben wie dich selbst.« Jesus bestätigt ihm, dass er richtig geantwortet habe. Es käme jetzt darauf an, danach zu handeln. Dann werde er leben, dann werde er das ewige Leben erlangen. Doch der Gesetzeslehrer gibt sich noch nicht zufrieden und fragt: Wer ist denn mein Nächster?

Liebe steht über dem Gesetz

Jesus erläutert nun nicht in lehrhafter Form, wer ein Nächster sein könnte, sondern erzählt eine Geschichte, die beispielhaft die Frage des Gesetzeslehrers beantwortet. Wir kennen diese Geschichte von Jugend auf und könnten sie sicherlich nacherzählen. Diese Geschichte von dem Mann, der von Räubern überfallen, ausgeplündert und halbtot am Wege liegengelassen wurde. Von dem Priester, der vorüberkam, ihn sah und weiterging. Von dem Leviten, der im Tempel von Jerusalem seinen Dienst

zu versehen hatte und der ebenfalls achtlos vorüberging. Und schließlich von einem Mann aus Samarien, der sich um den am Wege Liegenden kümmerte und ihm nach Kräften half.
Mit dieser Beispielerzählung gab Jesus dem Gesetzeslehrer zu verstehen, dass es wichtiger ist, einem Menschen in seiner Not beizustehen, als eine gesetzliche, in diesem Fall eine rituelle, kultische Pflicht zu erfüllen. Dies erinnert an das Wort Jesu: »Darum lernt, was es heißt: Barmherzigkeit will ich, nicht Opfer« (Mt 9,13). Jesus stellte dem Gesetzeslehrer einen Menschen aus Samarien als vorbildlich hin. Die Samariter wurden von den Juden nicht zum auserwählten Volk gezählt. Dennoch hatte dieser von den Juden abgeschriebene Mann aus Samarien an dem dem Tod ausgesetzten Menschen barmherzig gehandelt. Er hätte ja auch sagen können: Wie du mir, so ich dir. Wenn ich schon von den Juden verachtet werde, warum soll ich dann einem Juden zu Hilfe kommen?

Die Frage nach dem Nächsten

Nachdem Jesus diese Geschichte erzählt hat, fragt er den Gesetzeslehrer: »Was meinst du: Wer von diesen dreien hat sich als der Nächste dessen erwiesen, der von den Räubern überfallen wurde?« Wie hätte er anders antworten können als so: »Der, der barmherzig an ihm gehandelt hat.« Und Jesus: »Dann geh und handle genauso!« Jesus fragt nicht: Wer von den dreien hat in dem unter die Räuber Gefallenen seinen Nächsten gesehen? Sondern: Wer hat sich ihm als Nächster erwiesen? Dies ist eine andere Fragerichtung. Der Samariter ist dem der Hilfe Bedürftigen zum Nächsten geworden. Von den Dreien erkannte sich nur der Mann aus Samarien als der Nächste für diesen geschundenen Menschen. Indem er ihn wahrnahm in seiner Hilfsbedürftigkeit, mit ihm fühlte, für ihn sorgte, ist er ihm als Mensch ganz nahegekommen. Ist er ihm hier und jetzt zum Nächsten geworden.

Hier und jetzt dem Andern zum Nächsten werden

Jesus geht es in dieser Beispielerzählung nicht um die Nächstenliebe allgemein, als eine für alle Menschen geltende Forderung der Menschlichkeit, sondern um den konkreten Menschen, dem ich zum Nächsten werden soll. Dort, wo ich ihm begegne, ihn in seiner Not wahrnehme. So hat auch Jesus gehandelt. Nehmen wir die Geschichte von dem Zöllner Zachäus. Als Jesus nach Jericho kam, sah er den ganz hinten auf einem Maulbeerfeigenbaum Sitzenden, ließ ihn hinuntersteigen und kehrte zum Entsetzen der Gesetzestreuen bei Zachäus ein, der als Zolleinnehmer die Menschen betrogen hatte. Und bewirkte seine Umkehr. Immer hielt Jesus auf seinem Weg inne, wenn er einen Menschen sah, der in Not geraten war. Vielen hilfsbedürftigen, an Leib oder Seele erkrankten Menschen ist Jesus zum Nächsten geworden.
In dem Mann aus Samarien, den Jesus dem Gesetzeslehrer als Vorbild der Nächstenliebe vor Augen stellte, kann man Jesus selbst erblicken. Dies hat Bischof Franz Kamphaus in einem Gebet zum Ausdruck gebracht. Mit seinen Worten wollen wir zum Samariter Christus beten, ihn bitten, dass wir, so oft wir können, anderen Menschen zum Nächsten werden:

»Christus!
Du siehst den am Boden Liegenden.
Du gehst nicht vorbei.
Du beugst dich nieder.
Du rührst den Menschen an.
Du verbindest seine Wunden.
Du richtest ihn auf.
Du heilst ihn.
Samariter Christus!

Sieh mich an.
Geh nicht an mir vorbei.
Beuge dich über mich.
Rühre mich an.
Verbinde meine Wunden.
Richte mich auf.
Heile mich.
Samariter Christus!

Du rufst uns,
dass wir sehen,
dass wir nicht vorübergehen,
dass wir uns niederbeugen,
dass wir Menschen anrühren,
dass wir Wunden verbinden,
dass wir aufrichten,
dass wir heilen –
zusammen mit dir,
Samariter Christus!«

Die Parabel von den zwei Söhnen Mt 21,28–32

»Was meint ihr? Ein Mann hatte zwei Söhne. Er ging zum ersten und sagte: Mein Sohn, geh und arbeite heute im Weinberg! Er antwortete: Ja, Herr!, ging aber nicht. Da wandte er sich an den zweiten Sohn und sagte zu ihm dasselbe. Dieser antwortete: Ich will nicht. Später aber reute es ihn und er ging doch. Wer von den beiden hat den Willen seines Vaters erfüllt? Sie antworteten: Der zweite. Da sagte Jesus zu ihnen: Amen, das sage ich euch: Zöllner und Dirnen gelangen eher in das Reich Gottes als ihr. Denn Johannes ist gekommen, um euch den Weg der Gerechtigkeit zu zeigen, und ihr habt ihm nicht geglaubt; aber die Zöllner und die Dirnen haben ihm geglaubt. Ihr habt es gesehen und doch habt ihr nicht bereut und ihm nicht geglaubt.«

Die Gleichnisrede richtet sich an die Hohepriester und die Ältesten des Volkes. Sie hatten kurz zuvor Jesus zur Rede gestellt und ihn nach seiner Vollmacht gefragt. »Mit welcher Macht tust du das alles?« (Mt 21,23–27). Er gab ihnen keine Antwort und leitete mit der Frage »Was meint ihr?« zur Parabel von den zwei Söhnen über. Sie sollten im väterlichen Weinberg arbeiten. Der eine war sofort dazu bereit, ging aber nicht in den Weinberg. Der andere weigerte sich zunächst, besann sich aber dann eines Besseren. Jesus fragt die, die ihn herausgefordert hatten, wer von den beiden den Willen seines Vaters erfüllt habe. Und sie antworten: Der zweite Sohn. Was hätten sie anderes sagen sollen? Denn der zweite Sohn hatte ja trotz seiner anfänglichen Weigerung der Bitte seines Vaters entsprochen. Der andere hingegen hatte eilfertig ja gesagt, doch dieses Ja nicht in Handeln umgesetzt.

Den Willen Gottes erfüllen

Wer von beiden hat den Willen Gottes erfüllt? Dies ist die Schlüsselfrage, die Leitfrage in der Gleichniserzählung von den beiden ungleichen Brüdern. Die Parabel erzählt wiederum von einer sich im profanen Bereich abspielenden Begebenheit. Das Geschehen wird durch die Frage Jesu, wer von beiden den Willen des Vaters erfüllt hat, auf Gott hingelenkt. Es geht nun nicht mehr um den Willen des Vaters der beiden Söhne, sondern um den Willen Gottes, dem wir entsprechen können oder nicht. Für die eine oder die andere Verhaltensweise stehen die beiden Söhne. Der eine Sohn für einen Menschen, der den Willen Gottes erfüllt, wenngleich er sich zuerst ablehnend verhält. Der andere für einen Menschen, der zwar nach außen hin ja zum Willen Gottes sagt, dann aber doch nicht tut, was er sagt. Ihm kann das Wort Jesu aus der Bergpredigt gelten: »Nicht jeder, der zu mir sagt: Herr, Herr! wird in das Himmelreich kommen, sondern nur, wer den Willen meines Vaters im Himmel erfüllt« (Mt 7,21). Als seine Mutter und seine Brüder Jesus zu sprechen suchten, sagte er: »Wer ist meine Mutter und wer sind meine Brüder? Und er blickte auf die Menschen, die im Kreis um ihn herumsaßen, und sagte: Das hier sind meine Mutter und meine Brüder. Wer den Willen Gottes erfüllt, der ist für mich Bruder und Schwester und Mutter« (Mk 3,33–35).

Wie können wir den Willen Gottes erkennen? Am Schluss der Bergpredigt sagt Jesus im Gleichnis vom

Hausbau: »Wer diese meine Worte hört und danach handelt, ist wie ein kluger Mann, der sein Haus auf Fels baute« (Mt 7,24). »Diese meine Worte«, das sind die Weisungen der Bergpredigt. In ihnen finden wir die Grundorientierung für ein Handeln nach dem Willen Gottes. Sie weisen uns die Richtung. Eines der Leitworte, die uns anleiten, gemäß dem Willen Gottes zu handeln, wird uns in der so genannten Goldenen Regel gegeben: »Alles, was ihr also von anderen erwartet, das tut auch ihnen!« Jesus sagt davon, dass in ihr das »Gesetz und die Propheten« zusammengefasst sind, also das ganze Alte Testament (Mt 7,12). Auf die Frage eines Gesetzeslehrers, welches Gebot im Gesetz das Wichtigste sei, hat Jesus geantwortet: »Du sollst den Herrn, deinen Gott, lieben mit ganzem Herzen, mit ganzer Seele und mit all deinen Gedanken. Das ist das wichtigste und erste Gebot. Ebenso wichtig ist das zweite: Du sollst deinen Nächsten lieben wie dich selbst. An diesen beiden Geboten hängt das ganze Gesetz samt den Propheten« (Mt 22,37–40). Wer diese beiden Gebote zu erfüllen sucht, der erfüllt den Willen Gottes.

Der hl. Augustinus sagt: »Gottes Wille ist die Liebe.« Wenn wir die Liebe zum Maßstab unseres Handelns machen, wird uns damit jedoch nicht abgenommen, in einer konkreten Situation oder in einem Wertekonflikt zu suchen, was der Wille Gottes ist. Wir werden dann auch manchmal an die Grenzen unseres Urteilsvermögens stoßen. Bei Edith Stein lesen wir: »Wer *grundsätzlich* das Rechte sucht, d.h. wer gewillt ist, es immer und überall zu tun, der hat über sich selbst entschieden und seinen Willen hineingestellt in den göttlichen Willen, auch wenn ihm noch nicht klar ist, dass das Rechte zusammenfällt mit dem, was Gott will. Aber wenn ihm das nicht klar ist, so fehlt ihm noch der *sichere* Weg, um das Rechte zu finden; und er hat über sich verfügt, als hätte er sich schon in der Hand, obwohl ihm die letzten Tiefen des eigenen Innern noch nicht aufgegangen sind. Die letzte Entscheidung wird erst Auge in Auge mit Gott möglich« (aus: Im verschlossenen Garten der Seele, S. 94f.). Gott liegt alles daran, dass die Liebe, das Gute sich im Menschen entfaltet. Sein Wille, auch da, wo er uns herausfordert, manchmal zu überfordern scheint, wie in den Weisungen der Bergpredigt, ist immer ein Wille, der dem Leben dient, der Liebe.

Umkehr aus der Begegnung mit Jesus

Jesus sagt den Hohepriestern und Ältesten: »Zöllner und Dirnen gelangen eher in das Reich Gottes als ihr.« Auch das darauf folgende Wort, hinweisend auf Johannes den Täufer, ist eine Mahnrede, gerichtet an die geistlichen Führer Israels: »Johannes ist gekommen, um euch den Weg der Gerechtigkeit zu zeigen, und ihr habt ihm nicht geglaubt; aber die Zöllner und die Dirnen haben ihm geglaubt. Ihr habt es gesehen und doch habt ihr nicht bereut und ihm nicht geglaubt.« Ob ihnen der Weg in das Reich Gottes noch offenstand, darüber wird in der Parabel nichts gesagt.
Lassen wir uns von Jesus den Blick mehr auf diejenigen lenken, die den Weg der Umkehr eingeschlagen haben. Sie gelangen eher in das Reich Gottes. Das sind die in Schuld geratenen Menschen, die in der Begegnung mit Jesus aufgerichtet wurden und Vertrauen zu ihm gewinnen konn-

ten. Er hat sie nicht verurteilt, hat ihnen ihre Schuld vergeben. Das Nein schuldig gewordener Menschen wurde in ein Ja der Liebe umgewandelt. Ihr Leben nahm eine Wende zum Guten. Sie werden nicht von heute auf morgen ganz neue Menschen geworden sein. Aber sie glaubten Jesus seine grenzenlose Vergebungsbereitschaft. Sie glaubten, dass er sie trotz ihrer Schuld liebte, sie auch dann wieder annehmen würde, wenn sie erneut schuldig geworden wären.

So können auch wir in der Begegnung mit Jesus Hoffnung schöpfen, dürfen uns mit unseren Fehlern und Schwächen von ihm angenommen wissen. In der Parabel werden sie »Zöllner und Dirnen« genannt, an anderen Stellen ist von »Zöllnern und Sündern« die Rede (Mt 9,11; Lk 15,1). Wenn wir auf einzelne von ihnen schauen, dann wird uns klar, welche Leute Jesus gemeint hat. Denken wir an den Oberzöllner Zachäus, der die Leute in schlimmer Weise betrogen hatte und der, als er Jesus kennengelernt hatte, ein neues Leben begann (Lk 19,1–10). Und da war die stadtbekannte Dirne, die in das Haus des Pharisäers Simon kam, in dem Jesus sich gerade aufhielt, und wo dieser dem erstaunten Pharisäer sagt: »Ihr sind ihre vielen Sünden vergeben, weil sie so viel Liebe gezeigt hat« (Lk 7,47). Petrus, Anführer der Apostelgruppe, hatte unter Fluchen und Schwüren beteuert, er kenne Jesus nicht (Mk 14,71). Ehe dies geschah, hatte Jesus ihm gesagt: »Ich aber habe für dich gebetet, dass dein Glaube nicht erlischt. Und wenn du dich wieder bekehrt hast, dann stärke deine Brüder« (Lk 22,32).

In einem Gebet des Franz von Assisi – eine Entfaltung der Vater-unser-Bitte »Dein Wille geschehe« – kommt noch einmal zum Ausdruck, dass die Liebe zu Gott und die Liebe zu unseren Mitmenschen aufs Engste miteinander verbunden sind:

»Dein Wille geschehe, wie im Himmel so auf Erden:
damit wir dich lieben aus ganzem Herzen,
indem wir immer an dich denken aus ganzer Seele,
indem wir nach dir verlangen aus ganzem Gemüte,
indem wir all unser Streben zu dir hinlenken
und deine Ehre in allem suchen aus all unseren Kräften,
indem wir alle unsere Kräfte und Empfindungen der
Seele und des Leibes zum Gehorsam gegen deine Liebe
und für nichts anderes aufbieten.
Und damit wir unseren Nächsten wie uns selbst lieben,
indem wir alle nach Kräften zu deiner Liebe hinziehen,
uns über das Gute der anderen wie über das unsrige
freuen und in Widerwärtigkeiten Mitleid mit ihnen
haben und niemanden irgendwie beleidigen.«

Die Botschaft der Gleichnisse – erfahrbar in den Begegnungen Jesu mit den Menschen

Am Anfang des Markusevangeliums, vor dem öffentlichen Wirken Jesu in Galiläa, steht das programmatische Wort: »Die Zeit ist erfüllt, das Reich Gottes ist nahe. Kehrt um und glaubt an das Evangelium!« (Mk 1,15). Die sich ankündigende Gottesherrschaft und der Glaube an sie haben dem Leben und Wirken Jesu die Richtung gewiesen. Er wusste sich von Gott gesandt, die Botschaft vom Reich Gottes den Menschen zu verkünden. Woran man das Reich Gottes mit seiner neuen Wertordnung erkennen kann, hat uns Jesus in seinen Gleichnissen in bildhafter Weise nahegebracht. »Mit dem Himmelreich ist es deshalb wie …« Jesus spricht von der grenzenlosen Liebe Gottes, im Kontrast dazu aber auch von denen, die sich seiner Liebe verweigern. In den Gleichnissen wird, wie nirgends sonst im Evangelium, Gottes rettendes Tun offenbar. Sie lassen Gott vernehmen, indem sie die Sprache der Liebe sprechen und uns zu dieser Liebe ermutigen. In ihnen hat uns Jesus einen Gott wahrnehmen lassen, dessen Liebe alles menschliche Begreifen übersteigt. Es ist »das Geheimnis des Gottesreiches« (Mt 13,11; Mk 4,11; Lk 8,10), das er uns in seinen Gleichnissen erschließt.

In den Gleichnissen spricht Jesus nicht von sich, sondern vom Reich Gottes. Er spricht von Gott, seinem Vater. In dem Mann, der den am Rande Stehenden nachgeht und sie am Festmahl teilnehmen lässt, kommt Gott in den Blick. Gott wird erkennbar in dem Vater, der seinen auf

Abwege geratenen Sohn in die Arme schließt. Im Herrn des Weinbergs, der auch den zuletzt Gekommenen ungeteilt seine Liebe schenkt, lässt er etwas von Gott erahnen. Der vergebungsbereite Gott wird sichtbar in dem Herrn, der einem seiner Diener eine ungeheure Schuld erlässt. In den Beispielerzählungen vom reichen Mann und dem armen Lazarus, vom Pharisäer und Zöllner, vom barmherzigen Samariter will uns Jesus zu einem von Liebe getragenen Verhalten ermutigen.

Wenngleich Jesus in den Gestalten der Gleichnisse, der Parabeln, der Beispielerzählungen nicht sich selbst meint, so ist er doch in ihnen gegenwärtig. Die Gleichniserzählungen lassen sich nicht von seiner Person trennen, sie müssen in Beziehung gesetzt werden zu seinem Leben. »Die Botschaft von der seinsverwandelnden Liebe Gottes, die die Gleichnisse bieten«, schreibt Joachim Gnilka in seinem Jesusbuch, »kann letztlich nur verstanden, wirksam werden und überzeugen im Kontext des Lebens Jesu, wo er diese Liebe verwirklichte. Wenn sich das Reich Gottes je ereignete, dann war er es, der es zum Ereignis machte.« Die unentwegte Liebe Gottes, von der Jesus in den Gleichnissen spricht, wird in seinem Handeln erfahrbar. Er hat diese Liebe in seinem Leben wahr gemacht. Darin liegt die Wahrheit der Gleichnisse; nicht darin, ob sie in dieser oder jener Situation so von Jesus erzählt worden sind.

Was Jesus in den Gleichnissen darstellt, wird vor allem sichtbar in der Begegnung Jesu mit den Menschen. Mit jenen, die schuldig geworden sind, die in den Augen der Gesetzeslehrer nichts galten. Dies zeigen vor allem zwei Begegnungsgeschichten. In der einen hören wir von der Zuwendung Jesu zu dem Zöllner Zachäus. Die zweite zeigt uns, wie gütig und vergebungsbereit Jesus einer Ehebrecherin begegnet.

Die Begegnung Jesu mit Zachäus (Lk 19,1–10)

»Dann kam er nach Jericho und ging durch die Stadt. Dort wohnte ein Mann namens Zachäus; er war der oberste Zollpächter und war sehr reich. Er wollte gern sehen, wer dieser Jesus sei, doch die Menschenmenge versperrte ihm die Sicht; denn er war klein. Darum lief er voraus und stieg auf einen Maulbeerfeigenbaum, um Jesus zu sehen, der dort vorbeikommen musste. Als Jesus an die Stelle kam, schaute er hinauf und sagte zu ihm: Zachäus, komm schnell herunter! Denn ich muss heute in deinem Haus zu Gast sein. Da stieg er schnell herunter und nahm Jesus freudig bei sich auf. Als die Leute das sahen, empörten sie sich und sagten: Er ist bei einem Sünder eingekehrt. Zachäus aber wandte sich an den Herrn und sagte: Herr, die Hälfte meines Vermögens will ich den Armen geben, und wenn ich von jemand zu viel gefordert habe, gebe ich ihm das Vierfache zurück. Da sagte Jesus zu ihm: Heute ist diesem Haus das Heil geschenkt worden, weil auch dieser Mann ein Sohn Abrahams ist. Denn der Menschensohn ist gekommen, um zu suchen und zu retten, was verloren ist.«

In Jericho befand sich eine römische Zollstätte. Zollstätten wurden an die Meistbietenden verpachtet. Das waren meist solche, die in die eigene Tasche wirtschafteten. Zudem kooperierten die Zöllner mit der römischen Besatzungsmacht. Deswegen galten sie als Diebe und Betrüger, als Sünder (die Begriffe »Zöllner« und »Sünder« waren austauschbar, vgl. Mt 11,19; Lk 15,1f.). Diejenigen, die sich für gesetzestreu und gut hielten, hatten also ihre Gründe, diese Leute zu verachten. Zachäus war einer der Zöllner von Jericho, sogar der oberste Zollpächter. In Jericho lebten damals viele Priester und Leviten, so dass besonders diese es gewesen sein müssen, die sich über den Umgang Jesu mit diesem Zachäus empörten.

Der Zöllner Zachäus, verachtet von den Leuten, wagte es nicht, als Jesus vorbeikam, sich in die vorderste Reihe zu stellen, wo die angesehenen Leute standen. Klein von Gestalt, stieg er auf einen dahinter stehenden Maulbeerfeigenbaum, um Jesus zu sehen. Wie erstaunt musste er gewesen sein, als Jesus ihn bemerkte, ihm sagte, er solle schnell herunterkommen. Er müsse heute in seinem Haus zu Gast sein.

Ich nehme an, dass Jesus länger bei ihm geblieben ist, dass sie lange miteinander gesprochen haben. In der Begegnung mit Jesus wandelte sich das Leben des Zachäus zum Guten. Die Liebe, die ihm Jesus schenkte, bewegte ihn dazu, seinem Leben eine Wende zu geben: »Die Hälfte meines Vermögens will ich den Armen geben, und wenn ich von jemandem zu viel gefordert habe, gebe ich ihm das Vierfache zurück.« Darauf Jesus: »Heute ist diesem Haus das Heil geschenkt worden, weil auch dieser Mann ein Sohn Abrahams ist.« Mit der Begründung, dass auch er ein Sohn Abrahams ist, will Jesus sagen: Auch er kann, obwohl er Schuld auf sich geladen hat, wie jeder andere Israelit Heil und Rettung durch Gott erfahren. Zachäus ist in seinem Herzen geheilt worden. Man kann es auch so sagen: Jesus hat ihm sein Herz wiedergeschenkt. Er spürt die in ihm lebende Sehnsucht nach Glück, nach wahrem Leben. In dem Wort, das diese Begegnungsgeschichte abschließt, begründet Jesus seinen Umgang mit schuldig gewordenen Menschen. Er weiß sich gerade zu ihnen, den Verlorenen, gesandt. »Denn der Menschensohn ist gekommen, um zu suchen und zu retten, was verloren ist.«

Zwei begegnen sich …

ZACHÄUS	JESUS	ZACHÄUS
ist verachtet	beachtet ihn	lässt es geschehen
genießt kein Ansehen	sieht ihn an	lässt sich lieben
ist ihnen im Weg	zeigt ihm einen Weg	wird neu Mensch
fühlt sich klein und wertlos	wertet ihn auf	wird ein anderer
keiner mag ihn	wird ihm zum Freund	ändert sein Leben

»Herr, die Hälfte meines Vermögens will ich den Armen geben«

Weil Zachäus einen gefunden hat, der ihm zum Freund wurde,
kann er auch andern zum Freund werden.
Weil er beschenkt wurde,
kann er weiterschenken.

Dass Jesus sich besonders den von den Gesetzeslehrern abgeschriebenen Menschen zuwandte, erfahren wir auf gleiche Weise in der Berufung des Levi (Lk 5,27–32). Jesus sah ihn am Zoll sitzen und rief ihn in seine Nachfolge. Levi, so heißt es im Lukasevangelium, schloss sich Jesus sogleich an. In seinem Haus gab er ein großes Festmahl für ihn und lud auch viele Zöllner und andere Gäste dazu ein. Wiederum empörten sich die Schriftgelehrten, dass Jesus sich mit Zöllnern und Sündern zu Tisch setzte, und sie stellten seine Jünger zur Rede. Als Jesus davon erfuhr, sagte er: »Nicht die Gesunden brauchen den Arzt, sondern die Kranken. Ich bin gekommen, um die Sünder zur Umkehr zu rufen, nicht die Gerechten.«

Die Begegnung Jesu mit der Ehebrecherin (Joh 8,1–11)

»Jesus aber ging zum Ölberg. Am frühen Morgen begab er sich wieder in den Tempel. Alles Volk kam zu ihm. Er setzte sich und lehrte es. Da brachten die Schriftgelehrten und die Pharisäer eine Frau, die beim Ehebruch ertappt worden war. Sie stellten sie in die Mitte und sagten zu ihm: Meister, diese Frau wurde beim Ehebruch auf frischer Tat ertappt. Mose hat uns im Gesetz vorgeschrieben, solche Frauen zu steinigen. Nun, was sagst du? Mit dieser Frage wollten sie ihn auf die Probe stellen, um einen Grund zu haben, ihn zu verklagen. Jesus aber bückte sich und schrieb mit dem Finger auf die Erde. Als sie hartnäckig weiterfragten, richtete er sich auf und sagte zu ihnen: Wer von euch ohne Sünde ist, werfe als Erster einen Stein auf sie. Und er bückte sich wieder und schrieb auf die Erde. Als sie seine Antwort gehört hatten, ging einer nach dem anderen fort, zuerst die Ältesten. Jesus blieb allein zurück mit der Frau, die noch in der Mitte stand. Er richtete sich auf und sagte zu ihr: Frau, wo sind sie geblieben? Hat dich keiner verurteilt? Sie antwortete: Keiner, Herr. Da sagte Jesus zu ihr: Auch ich verurteile dich nicht. Geh und sündige von jetzt an nicht mehr!«
Nach den synoptischen Evangelien brachte Jesus in der

Zeit vor seinem Tod die Nächte am Ölberg zu und tagsüber lehrte er im Tempel (vgl. bes. Lk 21,37). Es kamen Schriftgelehrte und Pharisäer in den Tempel, wo Jesus lehrte, und brachten eine Frau zu Jesus, die auf frischer Tat beim Ehebruch ertappt worden war. Sie wollten die Gelegenheit nutzen, um ihm, dessen Güte zu den Sündern ihnen ein Ärgernis war, eine Falle zu stellen. Sie verwiesen auf das Gesetz des Mose. Hätte Jesus das mosaische Gesetz missachtet, sich gegen die Geltung des mosaischen Gesetzes ausgesprochen, so wäre er vor dem Synedrium, dem hohenpriesterlichen Gericht, verklagt worden (auf Ehebruch mit einer verheirateten Frau stand die Todesstrafe für beide Teile, ohne dass die Todesart näher angegeben wird, Lev 20,10, Dtn 22,22. Für eine verlobte Frau und den Mann, der sich mit ihr eingelassen hat, wurde die Steinigung verhängt, Dtn 22,23f.) Es könnte sich hier um eine noch nicht verheiratete Frau gehandelt haben. Statt auf die Frage: »Was sagst du dazu?« einzugehen, schreibt Jesus mit dem Finger in den Sand. Was er auf die Erde geschrieben hat, wissen wir nicht. Hieronymus hat gemeint, es wären die Sünden der Ankläger gewesen, gemäß dem Propheten Jeremias: »Die sich von dir abwenden, werden in den Staub geschrieben« (Jer 17,13). Vielleicht war es nur eine Geste der Weigerung, sich mit ihnen einzulassen. Als die Ankläger Jesus weiter mit ihrer Frage nach seinem Urteil bedrängen, antwortet er mit einer für sie unerwarteten Aufforderung: »Wer von euch ohne Sünde ist, werfe als Erster einen Stein auf sie.« Darauf bückt sich Jesus wieder, um in den Sand zu schreiben. Nach dem jüdischen Strafrecht musste der Hauptbelastungszeuge bei der Steinigung den ersten Stein auf den Angeklagten werfen.

Jesus spricht den Schriftgelehrten und Pharisäern das Recht ab, sich als Wächter des Gesetzes zum Richter über einen schuldig gewordenen Menschen aufzuspielen, wo sie doch selber den Anforderungen des Gesetzes nicht genügen. In den Wehrufen über die Schriftgelehrten und Pharisäer (Mt 23,1–39; Lk 11,37–54) sagt Jesus über sie: »Die Schriftgelehrten und die Pharisäer haben sich auf den Stuhl des Mose gesetzt. Tut und befolgt also alles, was sie euch sagen, aber richtet euch nicht nach dem, was sie tun; denn sie reden nur, tun selbst aber nicht, was sie sagen. Sie schnüren schwere Lasten zusammen und legen sie den Menschen auf die Schultern, wollen selber aber keinen Finger rühren, um die Lasten zu tragen« (Mt 23,2f.). Die Ankläger, die in einer überheblichen Weise an dieser Frau ein Exempel statuieren wollten, sehen sich bloßgestellt. Ohne über die Frau das Urteil auszusprechen, gehen sie weg. Einer nach dem andern, die Ältesten zuerst. Zuletzt bleibt die Frau allein mit Jesus zurück. Er richtet an sie die Frage: »Frau, wo sind sie geblieben? Hat dich keiner verurteilt?« – »Keiner, Herr.« Darauf Jesus: »Auch ich verurteile dich nicht. Geh und sündige von jetzt an nicht mehr!« Jesus hat das Gesetz nicht aufgehoben, er hat es zur Erfüllung gebracht, indem er es konsequent auf das Liebesgebot hin auslegt (vgl. Mt 5,17). Er hat die Sünde verurteilt, aber nicht den Sünder. So bricht er nicht den Stab über die Frau. Er schenkt ihr das Vertrauen, dass sie einen guten Weg einschlagen wird. Für Gott steht der Mensch in der Mitte. Darauf kann, in einem übertragenen Sinn, die in die Mitte gestellte Frau hindeuten. Gott liegt alles am Menschen.

Dies wollte Jesus in seinen Gleichnissen uns nahebringen. Ihre Botschaft wird erfahrbar in seinen Begegnungen mit den Menschen. Seine Begegnungen mit schuldig gewordenen Menschen zeigen, dass wir von Gott geliebt sind, dass er uns niemals fallen lässt. Unsere Schuld kann heilsam sein, kann zu einer »glücklichen Schuld«, zu einer *felix culpa* werden (Exultet der Osternacht). Denn sie lässt uns im Blick auf Gottes vergebende Liebe erfahren, dass wir von ihm angenommen und geliebt sind, trotz unserer Schuld. »Es ist«, nach einem Wort von Blaise Pascal, »nicht auszudenken, was Gott aus den Bruchstücken unseres Lebens machen kann, wenn wir sie ihm ganz überlassen.« Heilsam kann unsere Schuld auch dann sein, wenn wir erkennen, dass Gott uns unverdient, ungeschuldet seine Liebe schenkt. Dies müsste uns von aller Selbstgerechtigkeit frei machen. Dietrich Bonhoeffer hat einmal geschrieben: »Ich glaube, dass auch unsere Fehler und Irrtümer nicht vergeblich sind und dass es Gott nicht schwerer ist, mit ihnen fertig zu werden als mit unseren vermeintlichen Großtaten.«

Jesus weist in seiner ungeteilten Liebe zu allen Menschen über sich hinaus hin auf Gottes Liebe, auf seine vergebende Liebe. In ihm ist »die Güte und Menschenliebe Gottes« erschienen, wie es im Titusbrief heißt (3,4). Im Credo bekennen wir: »Um des Menschen willen«, *propter nos homines*, ist Gott einer von uns geworden. An diesen Gott, der in Jesus ganz für die Menschen da ist, will ich glauben.

Bibliografische Information der Deutschen Nationalbibliothek
Die Deutsche Nationalbibliothek verzeichnet diese Publikation in der Deutschen Nationalbibliografie; detaillierte bibliografische Daten sind im Internet über <http://dnb.d-nb.de> abrufbar.

www.echter-verlag.de
Umschlag: Christine Eisner (Bild: © Sieger Köder, Der verlorene Sohn)
Druck und Bindung: Druckerei Friedrich Pustet, Regensburg
ISBN 978-3-429-03216-6